Vom Schicksal der Seele –

Die Entwicklung der Seele und des Ichs aus ganzheitlicher Sicht

Sabine Dilger

Bibliografische Informationen der Deutschen Nationalbibliothek
Die Deutschen Nationalbibliothek verzeichnet diese Publikation in der Deutschen Nationalbibliografie; detaillierte bibliografische Daten sind im Internet über http://dnb.d.-nb.de abrufbar.

Printed in Germany.

ISBN: 9783735782373

Inhaltsverzeichnis

1. Teil: Geschichte des Lebens

2. Teil: Astrologie aus spiritueller Sicht

Vorwort

„Vom Schicksal der Seele" handelt vom Ursprung und der Bestimmung unserer Seele, die vor Äonen das göttliche Feld verlassen hat, um Mensch zu werden. Wir sind hier, um uns wieder empor zu entwickeln, der göttlichen Dimension entgegen. Durch unseren Niedergang in die Welt der Materie, entstanden unsere Seele und unser Ich in seiner charakteristischen Prägung. Wie ist unser Ich überhaupt entstanden? Was prägte es? Dies kann man nur erörtern, wenn man die Zusammenhänge zwischen Tod und Leben, zwischen Mensch und göttlicher Mensch betrachtet.

Das Buch führt den Leser in immer höhere Dimensionen des Lebens und des Todes und weist auf die karmischen Bedingungen hin, die durch unseren Niedergang entstanden sind.

1. Teil: Geschichte des Lebens

Seit unserer Geburt gehen wir jeden Tag auf den Tod zu oder die Dinge des Lebens

Seit die Pionierin Elisabeth Kübler-Ross ihre Sterbeforschungen öffentlich machte, ist der Tod kein Tabuthema mehr. Auch im Buddhismus, der sich in den letzten Jahrzehnten zunehmender Beliebtheit erfreut , wird der Tod und seine Durchlaufphasen – *den Bardos* – zu einem zentralen Studiengegenstand, der das gesamte buddhistische Leben beeinflusst.

Was heißt Tod? Das Lexikon beschreibt ihn als einen Zustand nach dem Sterben. Und ein Zustand setzt immer ein Vorhandensein von etwas voraus.

Wir wissen, dass der Mensch aus Körper, Seele und Geist besteht. Und wir wissen, dass mit dem Abschluss des Sterbevorgangs der Körper seine Lebensfunktion versagt. Der Kreislauf kommt zum Stillstand und das Gehirn setzt keine Impulse mehr frei. Was mit dem Geist und der Seele geschieht, ist wissenschaftlich weder widerlegbar noch erwiesen und bleibt vor diesem Hintergrund spekulativ.

Unser Seelenleben umfasst unser Gefühlsleben, unbewusste Motive, Triebe, Träume und Leidenschaften, die durch unseren Körper in Tat umgesetzt werden. Unser Geist beinhaltet unser Gedankenleben, die Fähigkeit zu assoziieren, analysieren, abstrahieren und logisch zu denken. All das wird durch unseren Körper in Tat umgesetzt. Der Körper ist damit ein Instrument, durch das unsere Seele und unser Geist in der Welt der Materie agiert. Wenn unser Körper, mit all seinen Funktionen, stirbt und somit die Verbindung zu Seele und Geist unterbrochen wird, gilt der Mensch als tot. Gilt das Gleiche für die Seele und den Geist?

Seele und Geist sind Indikatoren, um in der Welt der Gegenständlichkeit Veränderungen zu bewirken, Aktion und Reaktion zu erzielen, die selbst als Funktion nicht sichtbar wahrnehmend aber beweisbar sind, denn sie geben sich durch ihren Ausdruck kund. Sie entziehen sich der sichtbaren Wahrnehmung, bilden keine gegenständliche Form wie der Körper. Sie sind *immateriell*, während der Körper zur Welt der Materie gehört. Gleichsam als „Idee" bewohnen Seele und Geist durch den Körper die Welt. Und die sichtbare, veränderbare Materie ist die äußerste Manifestation dieser Idee. Diese Immaterialität - *die Idee* – erhält den Körper am Leben. Ist die Verbindung unterbrochen, tritt der Tod ein. Wir haben somit eine immaterielle Welt und eine materielle Welt, in der wir leben. Sie begründen die Polaritätsprinzipien von negativ und positiv/passiv und aktiv oder Aktion und Reaktion.

Alles im Leben hat sein Gegenteil, das sich im Zusammenspiel gemeinsam ergänzt, und sich im Austausch befindet, also sich im anderen reflektieren kann. Es ist somit ein duales Prinzip, deren Synthese sich durch den gegenseitigen Austausch ergibt.

Wie in der Lüge ein Kern Wahrheit steckt, im Bösen die Wandlung zum Guten, die Anima im Manne und der Animus in der Frau, die Nacht nicht durch den Tag bestehen würde, der Schatten erst durch das Licht erlebt wird, so ist alles in allem enthalten und kann sich wiederum im anderen erkennen. Und wie es Goethe sagte: „Ich bin ein Teil von jener Kraft, die das Böse will und stets das Gute schafft", versinnbildlicht deutlich den innewohnenden Kern dieses Prinzips, nämlich das es sich relativieren kann. Aus einem bösen Menschen kann ein Guter werden, und aus einem Guten ein Böser, weil der Kern von beiden in dem anderen potentiell enthalten ist. Vor diesem Hintergrund ist es eine scheinbare Welt, in der wir leben, denn alles wandelt sich. Wir fixieren es nur mit unseren inneren Einstellungen, die uns ein Bild von Statik und Gradlinigkeit vermitteln. Selbst das Licht ist nicht sichtbar, es wird nur wahrnehmbar, weil es sich an der dunklen Materie bricht.

Das Polaritätsprinzip wird deutlich an der Karmalehre von Ursache und Wirkung. Ziel des Karmas ist es, dass es sich irgendwann in sich selbst erschöpft. Und das kann es, wenn sich die gegensätzlichen Kräfte ausgleichen, also in der Mitte aufgelöst werden. So wie ein Funke ein großes Feuer entfachen kann, müssen die karmischen Kräfte in sich selbst vollkommen ausgeschöpft sein. Und doch ist es für uns kaum vermeidbar Wirkungen zu erregen, selbst Gedanken zeitigen Wirkungen in der materiellen Welt. Es ist unsere Eigenart und unser Wesen Dinge wahrzunehmen, und diese sind wiederum von einer Vielzahl an unterschiedlichen Faktoren abhängig.

Unsere Wahrnehmung der Realität ist von momentanen Umständen, Einflüssen aus früheren Erfahrungen und charakterlicher Prägung abhängig, und unsere Konditionierungen vermitteln uns ein Gefühl von Beständigkeit. Und doch sind wir im Leben fortwährend Wandlungen ausgesetzt.

Wenn Sie sich selbst betrachten, erhalten Sie Ihre Kontinuität von Ihrem Ich, um das sich Ihre ganze Welt dreht und von ihr geprägt wird. Doch schauen Sie sich Ihr Ich an, es verändert sich im Laufe des Lebens, je nach den Eindrücken, die Sie erhalten/erhalten haben. Sie sind nicht mehr Ihr Kindheits-Ich, und vor Jahren hatten Sie auch eine andere Wahrnehmung, ein anderes Ich Gefühl. Was Sie wirklich kennzeichnet ist Ihre ganz individuelle Eigenart, die Sie von anderen unterscheidet, Ihr inneres Wesen.

Aber wie sind Sie in Ihrer Eigenart, mit all den Vorlieben und Abneigungen, entstanden? Was prägte Sie? Was gab Ihnen Ihre individuelle Note? Es sind Ihre Erfahrungen und wie Sie geprägt worden sind von anderen Menschen, Einflüssen und Umständen. Im gewissen Sinne wurden Sie „gemacht", denn andere Menschen waren und sind an Ihrer Entwicklung beteiligt.

Sie selbst erleben sich als Ich statisch. Aber alles was Sie erleben ist von Ihrer inneren Ansicht geprägt und somit relativ. Denn man kann auf eine Situation auf die unterschiedlichste Weise reagieren, was wiederum von verschiedenen Faktoren abhängig ist. Sie sind von einer ganzen Reihe verschiedener Faktoren abhängig: Ihre momentane Stimmung, wie Sie von der Vergangenheit konditioniert sind, Ihre emotionale Eigenart zu beurteilen und zu schlussfolgern und die Umstände, in denen Sie stehen. Dies alles zeitigt Ihre Reaktion, die wiederum unter anderen Bedingungen womöglich völlig anders ausfällt und Sie in eine ganz andere Richtung lotsen würde. Ihre *Entscheidungen* sind der eigentliche Rohstoff für Karma, denn vor einer Tat geht immer ein Gedanke voraus.

Wenn Sie Karma auflösen wollen, müssen Sie sich selbst in Ihrer Eigenart, zu denken und zu handeln, relativ neutral verhalten, denn eine Situation kann man von den unterschiedlichsten Blickwinkeln aus betrachten. Die Situation ist an sich wertfrei - nur durch unsere Eigenart erhalten die Dinge des Lebens Gewicht. Wir beurteilen zu stark und werden dadurch in unserer klaren Wahrnehmung getrübt. Wir sehen nicht die Botschaft, können nicht objektiv und neutral dem gegenüber stehen, weil wir nun mal mit unserer Art darauf reagieren. Aber diese Art ändert sich immer wieder und damit auch die Dinge des Lebens.

Aber wie ist Ihr Ich entstanden, was prägt es? Was ist es in sich selbst? Wie Schicht um Schicht müssen wir vordringen, um an sein innerstes Geheimnis zu kommen. Das innerste Geheimnis gleicht einem Altar, der für eine endgültige Vereinigung steht, wenn wir wie ein Tiefseetaucher in unsere unbewussten Gänge und Verließe unserer Seele hinabtauchen, um einen Schatz zu heben, der nicht von dieser Welt ist. Davon später.

Wenn wir alles, was uns ausmacht, ausblenden würden, blieben zwei ganz grundlegende Empfindungen übrig, die sich durch all unsere Gefühle und Gedanken ziehen: Zuneigung und Abneigung. Um diese beiden grundlegenden Gefühle herum gestaltet sich unser Wesen in seiner besonderen Art und Weise. Sie können alles auf diese beiden Gefühlsausrichtung reduzieren - es ist der erste Impuls, in der die Polarität das Leben auf den Plan ruft. Denn diese Empfindungen hatten Sie schon vor Ihrer Geburt, wo Ihr „Ich" noch nicht geboren wurde, denn Sie waren in sich selbst verschlungen in einer geborgenen Einheit undifferenziertem Seins. Nur Fühlen, fundamentales Fühlen, gleichsam aufgesogen in unbegrenzter Wonne und Harmonie. Das beruhigende Klopfen des Herzens der Mutter, das dumpfe Gluckern und Gurgeln der Organe, der weiche Tonfall der Mutter, ein seliges Grundempfinden. Wir hatten nur Empfindungen von Geborgenheit, Wärme und Sanftheit. Kein Ich und kein Du existiert, kein Oben, kein Unten. Keine Begrenzung und keine Form empfindend, sich selbst nicht ergreifend, so unendlich hin schwelgend in ein Meer voll zärtlicher Hingabe und seligen Vertrauens - Urvertrauen zum Leben.

Mit der Geburt kommen wir jäh zu einer gegenständlerischen Form des Bewusstseins, durch die traumatische Erfahrung der Wonnigkeit entrissen zu werden und sich diesem Prozess völlig hilflos ausgeliefert zu fühlen. Denn Geborenwerden ist wie Sterben, genau wie Sterben einer Geburt gleicht. In beiden Fällen tritt eine dramatische Veränderung ein, die den ursprünglichen Zustand unwiderruflich beendet. Und wir reagieren mit Angst, mit Todesangst, denn das Neugeborene weiß ebenso wenig wie ein Sterbender, was es erwarten wird. Nur das Vertraute vermittelt Geborgenheit und damit auch Sicherheit. Während das Unbekannte einem Drachen aus unergründlichen Tiefen gleicht, der einen zu verschlingen droht, wenn man ihn nicht überwindet. Und der Drache hat ein Gesicht: Es ist Ihre eigene Angst, der Sie sich stellen müssen. Etwas das Sie kennen, löst für gewöhnlich keine Angst mehr aus.

Die Geburtserfahrung gibt Aufschluss, wie Sie später mit Krisen und Ihrem eigenen Tod umgehen werden. Genauso wie Sie Ihre Geburtserfahrung ermitteln können, und wie Sie sich gegenüber Ihrem eigenen Tod verhalten werden, wenn Sie sich vor Augen führen, wie Sie geneigt waren und sind mit Ihren Krisen umzugehen.

Mit Einsatz der Wehen fühlen wir eine Bedrohung heranschwellen - es droht der Verlust unserer Harmonie. Wir spüren die Aufregung, die wir außerstande sind zu lokalisieren, fühlen uns eingeengt und gepresst und wir bekommen Angst. Wir werden unserer vertrauten Seligkeit jäh entrissen und es ist grell und kalt und beängstigende Formen bewegen sich um uns herum. Und die erste Erfahrung in dieser Welt, in die wir nicht hinein wollten, ist Schmerz. Man schlägt uns und wir schreien, aus Hilflosigkeit, aus Abneigung, aus Todesangst. Und diese Angst prägt sich fundamental in uns ein und ist der Indikator für unseren Lebenswillen. Diese Angst lagert tief in Ihrem Unterbewusstsein und wirkt von dort auf Ihre Einstellungen ein. Es gewinnt wieder an Aktualität, wenn wir mit Krisen konfrontiert werden, im Besonderen mit unserem eigenen Sterben.

Der Geburtsvorgang gibt einen impliziten Hinweis darauf, was uns im Leben erwarten kann, weil wir diese fundamentale Erfahrung, als unbewusste Prägung, analog auf unser Leben übertragen. In seliger Harmonie eingebettet werden wir uns selbst gegenüber nicht bewusst, aber die gegenteilige Erfahrung bringt uns zu Bewusstsein. Daher ist Geburt wie Sterben. Wir verlieren unsere Einheit – unsere Undifferenziertheit wonnigen Seins, um ein Leben als Mensch zu beginnen. Die Polarität nimmt damit seinen Anfang, denn das Zusammenspiel zwischen Zuneigung und Abneigung entwickelt sich mit der Geburt.

Das Neugeborene erfährt zuerst Angst, Hilflosigkeit und Abneigung, die sich durchaus in Gefühlen von Frustration äußern. Diese Gefühle bilden die ersten Bausteine Ihres Unterbewusstseins, obgleich auch vorgeburtliche Gefühle gespeichert sind. Sie wirken noch heute unbewusst auf Sie ein, die sich in Ihren Beziehungen widerspiegeln können und sich zu unbewussten Verhaltensmustern entwickeln.

Als Embryo war das Bewusstsein noch völlig unterscheidungsfremd, denn es bildete eine Einheit mit seiner Umgebung. Erst durch die nachgeburtliche Erfahrung regt sich das Empfinden mit der Umgebung nicht mehr einheitlich zu sein, und erzeugt durch diese Abgrenzung der äußeren Welt der Form und der inneren Welt des Erlebens ein zartes Selbstgefühl.

Das Bedürfnis nach Geborgenheit und Wärme, die *erste Erinnerung* an den Zustand im Mutterleib, wird auf die Mutter projiziert, die das Bedürfnis befriedigt. Dadurch erlebt das Baby eine Fortsetzung seiner vorgeburtlichen Empfindungen, welches ihm Vertrauen und Sicherheit gibt. Es kann noch nicht entscheiden zwischen Du und Ich, zwischen Objekt und Subjekt. Es empfindet sich selbst als Teil seiner Umgebung und als Erweiterung der Mutter, denn instinktiv weiß es, dass sein Überleben von ihr abhängt und es mit Todesangst reagiert, wenn sie für lange abwesend ist oder auf sonstige ihre Zuneigung und Fürsorge entzieht. Daher ist die Bindung an sie so stark, dass wir uns mit ihr identifizieren. Wie vernichtend werden da Erfahrungen von Abweisung oder Zorn seitens der Mutter, denn es hängt mit unserem Überlebensinstinkt schicksalhaft zusammen.

Um ein Gefühl von Sicherheit zu bekommen, und daher auch eine Festigung unseres Identitätsgefühls, müssen wir uns stets auf etwas beziehen können und das erhält das Baby durch seine Beziehung zur Mutter und seine vertraute Umgebung. Das Ich der Mutter wird zum Ich des Kindes. Es hat noch kein Raum- und Zeitgefühl, kein Begriffsvermögen von Gegenständlichkeit, denn alles wird innerlich erlebt. Begrenzung und Form werden nicht begriffen, als etwas von dem Neugeborenen unabhängig existierenden, sondern als Erweiterung des Selbst empfunden. Das ist die Erklärung, warum Babys Gegenstände in den Mund nehmen. Seine Identifizierung wird damit auf die vertraute Umgebung und Gegenstände, wie Spielsachen, ausgedehnt - wir sind, was wir besitzen.

Mit dem keimhaften Bewusstsein des ersten „Besitzes" fangen wir an, unseren Körper wahrzunehmen, als eine eigenständige Form, die unabhängig von der Mutter existiert. Unser beginnendes Ich Gefühl zeichnet sich ab, weil wir uns mit unserer näheren Umgebung und vertrauten Menschen, wie Vater, Geschwistern etc. immer weiter in Relation setzen.

Indem wir uns von unserer Umgebung immer weiter abgrenzen, empfinden wir auch den anfänglichen Unterschied zwischen Subjekt und Objekt. Wir begreifen, dass unsere Handlungen nicht mit uns identisch sind und wir bestimmte Verhaltensweisen an den Tag legen müssen, um unsere Bedürfnisse befriedigen zu können.

Wenn wir laufen lernen, ändert sich unser ganzer Blickwinkel, wir werden autonomer und erfahren unsere Umwelt als aufregende Entdeckungsreise. Wir lernen jetzt uns von den Dingen zu distanzieren, sie als Formen und Raum zu begreifen, die getrennt von einem selbst existieren. Durch diese Abgrenzung bekommen wir ein dichteres Gefühl von uns selbst, dass wir unabhängig von unserer Umgebung und unseren Beziehungen bestehen können und spüren durch diesen Unterschied, dass wir ein „Ich" und einen eigenen Körper haben. Wir sind jetzt etwas Eigenes und nicht mehr die Erweiterung unserer Umgebung.

Mit dem Erlernen der Sprache kommt ein entscheidender Wendepunkt ins Leben, weil hier unser Individualitätsgefühl geboren wird, das unser keimhaftes Ich Bewusstsein festigt. Es ist die zweite Transformation, die wir zu einem eigenständigen Selbst vollziehen, denn in gewisser Weise stirbt das Baby, in seiner harmonischen Welt der Undifferenziertheit, um in der Welt der Begrenzung und Form geboren zu werden.

Die Fähigkeit zu kommunizieren, in Interaktion mit seiner Umwelt zu treten und in Zeitabfolgen zu handeln, begründet die Persönlichkeit. Das Kind lernt durch sein spielerisches Verhalten seine Grenzen auszutesten, Aktion und Reaktion zu begreifen, seinen Willen zu behaupten und sich eigene Gedanken und Ideen zu bilden. All das formt unser Ich, durch das sich unser Wille entfaltet. Und der Wille ist Form gebender Ausdruck unserer Seele und unseres Geistes, die gleichsam als „Idee" die Welt der Materie bewohnen, um Veränderungen zu bewirken, Aktion und Reaktion zu erzielen und zu begreifen. Mit der „Geburt" des Bewusstseins ein eigenständiges Selbst zu sein - ein Ich zu sein - schließt sich der erste Kreis der Entwicklung.

Wir sind das, was wir mit bekommen haben und werden zu dem, was wir daraus machen

Die frühkindliche Erziehung legt den Grundstein, wie wir später mit dem Leben umgehen werden. Die Beziehung zu Vater und Mutter prägen sich als unbewusstes Leitbild in uns ein, und auch wie die Eltern miteinander umgegangen sind.

Das Kind entwickelt seine Persönlichkeit danach, was die Eltern ihm vorleben. Es kopiert zuerst deren Verhaltensweisen, Gewohnheiten und übernimmt die Meinungen und Ansichten, denn die Fähigkeit zur Analyse und Synthese sind noch nicht ausgebildet. Somit ist das Kind stark beeinflussbar und identifiziert sich mit seinen Eltern, bzw. deren Umgangsweise und Veranlagungen. Durch das Kopieren der Verhaltensweise der Eltern, Erziehung, Meinungen und emotionale Prägung wird hier die Wurzel gelegt, wie das Kind später sein Ich definiert und Charakteranlagen entwickelt, durch das Kopieren der Verhaltensweise der Eltern, Erziehung, Meinungen und emotionaler Prägung.

Unser Ich wird hauptsächlich durch die Beziehungen zu anderen geprägt d.h. zuerst durch die Beziehung zur Mutter. Später baut das Kind die Beziehungen zu anderen auf und festigt sein Ich immer mehr dadurch. Ein verwirrter Mensch z.B. hat die Beziehung zur Umwelt im Allgemeinen verloren. Im gewissen Sinne hat er sein Ich verloren – daher ist er verwirrt. Ein Junge, der wild und alleine im Urwald aufwächst, hat kein Ich Gefühl aufgebaut. Er reagiert vornehmlich instinkthaft. Er hat zwar ein Selbstgefühl, aber das verbindet ihn mit den Tieren, die ebenfalls eine Art Selbstgefühl haben. Der wilde Junge empfindet sich, wie die Tiere, als Teil der Umgebung.

Was die Eltern einem vorleben, wird zunächst unbewusst übernommen, denn das Kind kann noch nicht reflektieren, obgleich sein Gespür für Recht und Unrecht schon vorhanden ist. Kinder sind geradeheraus, sie nennen die Dinge beim Namen. Auf der anderen Seite können sie recht unsensibel sein, denn sie sind sich über ihre Wirkung auf andere nicht bewusst. Sie sind auch für tiefere Aspekte des Lebens offen, denn mit ihrer Offenheit und Unbekümmertheit sind sie unvoreingenommen, daher auch stark beeinflussbar.

Wenn sich das Kind natürlich entfalten kann, wird es sich später als Erwachsener auch glücklich fühlen und mit seinen Schwierigkeiten besser umgehen können, denn die Erziehung legt Richtlinien für das darauf folgende junge Erwachsenenleben.

War die Kindheit jedoch aus den unterschiedlichsten Gründen gestört, prägen sich diese Dissonanzen als Komplexe, Traumata, Ängste und Neurosen im Unterbewusstsein ein und wirken so nachhaltig auf die allgemeine Lebenshaltung. Die Tragik ist, dass diese Haltung einen dafür sensibilisiert, genau die Situationen anzuziehen, die mit den unbewussten Einstellungen und Ängsten synchron gehen. Unsere unbewusste Erwartung zieht das an. Es sind auch negative Erwartungen, die sich erfüllen können. Als Beispiel: Die Eltern lassen sich scheiden und der Kontakt zum Vater bricht ab. Das ist eine traumatische Erfahrung, wenn die Beziehung zum Vater an sich gut war. Das Kind fühlt sich verlassen, abgelehnt und ungeliebt. Es entwickelt Schuldgefühle, dass es an ihm gelegen hat. Diese Erfahrung prägt sich als Verlustangst in sein Unterbewusstsein ein.

Als Erwachsener legt es alles daran, den geliebten Partner mit den unterschiedlichsten Methoden an sich zu binden, und bewirkt damit das genaue Gegenteil, weil dieser sich zu sehr eingeengt fühlt und ihn deswegen letztendlich verlässt. Nun fühlt sich der Betroffene in seiner Angst bestätigt, wenn er nicht beginnt zu erkennen, dass genau diese Verhaltensweise zur Trennung geführt hat. Diese Verlustängste können auch entstehen, wenn die Elternteile ihre Zuneigung dem Kinde in irgendeiner Form entziehen. So prägen sich Motive, Ängste, Komplexe, Wünsche und Traumata durch frühkindliche Erfahrungen und Einfluss der Eltern in das Unterbewusstsein ein und spiegeln sich später in der Umwelt, in Beziehungen, Erwartungen und Verhaltensmuster wider.

Muss sich das Kind, um ein sicheres Gefühl für sich selbst zu bekommen, mit seinen Eltern identifizieren, bzw. nach ihnen orientieren, setzt sich mit dem Beginn der Pubertät ein eigenständiges Selbst durch Rebellion frei. Und die kann subtil oder krass ausfallen. Beides ist eine oppositionelle Haltung, die dadurch entsteht, dass es sich eigene Meinungen und Ansichten bildet, die oft konträr zu den von den Eltern vorgegebenen Richtlinien laufen. Es muss sich abgrenzen, damit sein Ich eine eigene Ausdruckform findet und unabhängiger wird. Es hat die Fähigkeit zu reflektieren, und betrachtet die Eltern und ihre Umgangsweise aus einem anderen Blickwinkel, was sein Identitätsgefühl festigt. Dadurch nabelt sich das Kind ein drittes Mal ab. Wieder hat eine Transformation stattgefunden: Das Kind entwickelt sich zu einem eigenständigen Erwachsenen.

Aus einer undifferenzierten Einheit sind wir heraus geboren. Fundamentale Gefühle wie Todesangst, Schmerz, Abneigung und Zuneigung erzeugen einen Lebenswillen, durch den sich ein zartes Selbstgefühl abzeichnet. Durch innige

Verbundenheit mit der Mutter festigt sich das Geborgenheits- und Sicherheitsgefühl, das die Entwicklung eines gesunden Selbstgefühls fördert oder stört, wenn diese entzogen wird. Wir nehmen unsere Umwelt als etwas von uns Getrenntes wahr, unterscheiden zwischen Subjekt und Objekt und erhalten dadurch ein erstes Gefühl vom Ich.

Unser Ich wird geformt durch frühkindliche Erfahrungen und Einflüsse - unsere Eltern sind uns ein Leitbild, mit dem wir uns identifizieren. Durch Reflexion distanziert sich das Kind allmählich vom Eltern Ich und bildet eine eigene Ich Basis, von dem aus es dem Leben begegnet.

Die Erfahrungen, die ein junger Erwachsener im Laufe seines Lebens macht, sind noch stark von seiner Herkunft geprägt, die er zuerst unbewusst umsetzt. Die Umwelt und Beziehungen dienen als Spiegel, um sich seinen Konditionierungen bewusst zu werden. Einerseits ist die Verwurzelung mit seiner Vergangenheit eine Grundbasis, von dem aus der junge Mensch sein Leben meistert, indem er Einstellungen und Verhaltensweisen übernommen hat, um sein Ich zu formen. Anderseits muss er sich weiter entwickeln, um ein eigenständiges Selbst zu festigen und sein Wesen zu transformieren. Und hier fußt Karma ein, denn Karma setzt sich bereits mit der Geburt frei.

Warum wir in einer bestimmten Familie und unter bestimmten Umständen geboren werden geschieht nicht zufällig. Dann wäre Schicksal nur wilde Willkür und jede Gesetzmäßigkeit im Leben purer Zufall. Da aber alles innere Zusammenhänge und Intelligenz aufweist, ist es absurd von Zufall zu reden, denn nichts geschieht ohne Grund und alles besteht in Relation zueinander. Warum sollte der Mensch davon ausgenommen sein? Ganz besonders die Art seines Wesen und seines Schicksals?

Jeder Mensch steht auf einer bestimmten Stufe seiner seelischen/geistigen Entwicklung, das erklärt die vielen Unterschiede der Menschen und deren Lebensumstände. Er hat sich dieses Potenzial selbst erarbeitet. Die Familie, in die die Seele hinein geboren wird, besonders das Verhältnis zu Mutter oder Vater, weist eine psychologische Struktur auf, die der Schwingung der Seele entspricht, d.h., die ihrer Entwicklung dient und ihrem Karma entspricht. Das setzt ein Vorhandensein eines anderen Lebens voraus, sonst wäre das Gesetz des Karmas nicht nur bloße Erfindung, sondern jede Gesetzmäßigkeit würde einem puren Zufall überlassen sein. Wir haben die Seele und den Geist noch nicht genug erforscht, um darauf zu erpichen, dass alles zu einer Endlichkeit verdammt ist. Das würde uns nicht nur jedes Sinnes berauben, sondern auch das Weltbild in Frage stellen. Denn alles bildet einen Kreislauf, alles fasst ineinander, sowohl in der Natur, als auch beim Menschen, auch wenn das nicht gleich offensichtlich ist. Alles wandelt sich und aus Sterben und Vergehen entsteht neues Leben. Es ist der Rhythmus der Natur und der Mensch ist darin eingeschlossen.

Das Karma ist ein logisches, völlig unparteiisches Gesetz von Ursache und Wirkung, das man nicht nur beim Menschen, sondern auch bei Tieren vorfindet. Es ist nicht nur ein Willensakt, der zu Karma führen kann, sondern auch die eigene entwicklungsgeschichtliche Biografie. Denn wir lernen und entwickeln uns unter den unterschiedlichsten Konstellationen, die wiederum in einen weiterführenden Kreislauf naturgemäß, d.h. logisch, einleiten.

Dieser neue Kreislauf, der sich spiralförmig entwickelt, führt zu einem weiteren Lebenszyklus, denn das Potential, das in diesem Leben ausgeschöpft ist, muss naturgemäß umgewandelt werden. Genau wie der Körper in seine Bestandteile zerfällt und den Elementen wieder zugeführt wird, genauso erfährt die Seele einen Umwandlungsprozess, in der sie in die Natur des Geistes überführt wird.

Wenn wir alles, was es an Erscheinungen und Materialisationen gibt, auf seine Essenz hin kristallisieren, steht am Ende der Kette die „Idee"; die Wissenschaft nennt es den genetischen Code. Und die Idee kann nur aus dem Geistigen entspringen, sie ist ein schöpferischer Akt, der nach Vollendung strebt. Und das Leben ist voll von Ideen, die aus einem Willen hervor streben. Denn am Anfang war das Wort, d.h., der Wille wurde ausgesprochen und dadurch entstand das Leben. Karma wurde zum Gesetz, als das Gesetz gebrochen wurde, vor undenklichen Zeiten. Es ist ein Versöhnungsakt mit den kosmischen Prinzipien.

Alles im Leben sucht nach Gleichklang, es ist ein Harmonieprinzip. Handeln wir dem zuwider, kommt nicht nur unserer Natur gegebener Rhythmus aus dem Takt, sondern zeitigt Wirkungen auf einer breiten Ebene. Denn alles steht in Relation zueinander, wir sind alle in sonst wie gearteter Weise miteinander verbunden. Auch wenn wir Dinge unterlassen, zeitigt dies Wirkungen.

Worauf es ankommt, ist, sich soweit zu objektivieren, und den Dingen des Lebens mit einer Gelassenheit zu begegnen, dass weder zu starke Zuneigung noch heftige Abneigung, eine Gelegenheit haben sich zu manifestieren. Wie Buddha sagte: „Der Weg liegt in der Mitte - zwischen den Extremen." Vermischen Sie sich also nicht mit einer Situation, sondern sehen Sie objektiv und bleiben Sie, so weit wie möglich, neutral dem gegenüber. Dann wird Ihnen nicht nur die Botschaft der Situation plastischer, sondern Sie nehmen dem Karma den Zündstoff.

Wir bewerten zu stark, das ist eine europäische Eigenschaft alles zu bewerten und zu beurteilen, ja auch zu verurteilen. Aber gerade dadurch werden Sie auch befangen und nehmen sich die Möglichkeit, den eigentlichen Sinn zu erkennen. Unsere Eigenart und Konditionierung machen es einen fast unmöglich, weil jeder nun mal nach seiner Art und seinem Wesen darauf reagiert.

Aber sehen Sie sich Ihre Definition von Ihrer Wahrheit an, sie besteht ausschließlich in Ihrem Kopf. Es gibt so viele Wahrheiten wie es Menschen gibt, nämlich die eigene emotional gefärbte Sicht der Dinge. Aber die Dinge des Lebens sind so wie sie sind; sie erhalten nur eine Gewichtung, durch unsere Eigenart, uns auf sie zu beziehen. Somit besteht die Welt, wie wir sie sehen, scheinbar. Nur jemand, der sich völlig frei machen kann von sich selbst, sieht die Welt als Erscheinung, von unserer Eigenart geprägt. Doch er sieht tiefer auf den Grund, der unserer eigenen Sicht verborgen bleibt. Der Grund, dass alle Dinge gleich sind, weil sie aus demselben Stoff gemacht sind: Es ist der Geist, aus dem alles entsteht.

Was ist aber dieser Geist in sich selbst? Dies ist eine Initiationsfrage. Man kann ihn nicht benennen, man kann ihn nicht ergreifen; - er ist von dem Ergriffenen völlig unberührt. Die Antwort liegt in Ihrem eigenen Geist verborgen, weil er aus Geist heraus geboren ist. Er ist zu einfach für uns, dass wir es schwer haben, ihn zu erfassen. Durch die ganze Komplexität unseres Wesens verkomplizieren wir die Vorgänge. Die Dinge an sich sind neutral und wertfrei, aber wir müssen, um unsere Identität zu spüren und zu festigen, uns stets auf etwas beziehen können. Das kann der Beruf sein, die Familie, eine Weltanschauung, die partnerschaftliche Beziehung etc.

Wenn wir all das, was uns Sicherheit in uns selbst gibt, weg lassen würden, würden wir panisch werden. Denn das Ich erhält seinen Bestand durch ein Du, durch Beziehungen zu Menschen, Besitz und Weltanschauungen. Somit existieren wir auch scheinbar, denn wir sind abhängig von unserer

Umwelt und einer ganzen Kette von unterschiedlichen Gegebenheiten. Wir können ohne den anderen nicht existieren. Denn alles geht Hand in Hand, von einem Menschen zum anderen. Wir müssen stets im Austausch bleiben. Aber dieser Austausch ist von einer Vielzahl an Faktoren abhängig. Und die Art, wie wir uns als Menschen zu unseren Beziehungen und unseren Umständen verhalten, prägt unser individuelles Karma.

Karma will das rechte Gleichmaß setzen. Das geht nur wenn wir mit dem Gegenteil unserer Handlungen konfrontiert werden, d.h., mit deren Wirkungen. Und dabei ist, wohlgemerkt, die innere Haltung ausschlaggebend. Unsere *inneren Motive* sind der eigentliche Rohstoff für Karma. Eine unbeabsichtigte schlechte Handlung hat nicht dieselben Konsequenzen wie eine beabsichtigte schlechte Tat. Es geht immer nach dem Warum. Warum handle ich so? Aus welchen Umständen und Motiven heraus? Hinzu kommen die momentane Gefühlshaltung und die Art des Wesens, wie Sie geneigt sind zu reagieren. Ein jähzorniger Mensch wird mit einer schwierigen Erfahrung nun mal anders umgehen als ein sensibler Mensch.

Alte Gewohnheiten, Ansichten und Verhaltensweisen wollen transformiert werden. Das geht nur, wenn man unter entsprechenden Umständen mit deren Wirkung konfrontiert wird. Dazu dienen Umstände und Beziehungen nicht nur als Spiegel, sondern auch als Lehrmeister. Schicksal nennt man, wenn man die Ursachen hierfür nicht erkennt, und oft liegen die Ursachen in einem anderen Leben begründet. Durch Erziehung entfaltet sich Karma, denn Karma braucht für seine Grundbasis ein Synonym: Die Herkunft und Erziehung.

Alles erzeugt eine Wirkung, wie der Mensch in seinem Leben war, was seine Gewohnheiten, Wesensmerkmale ausmachten, seine Gedanken und Taten... All das fließt im nächsten Leben in umgewandelten Energien, sprich Umständen und psychischen Konstellationen, mit ein. Er wird mit den Wirkungen seines vergangenen Verhaltens und Grundhaltung konfrontiert.

War ein Mensch z.B. sehr oft betrunken und jähzornig, wird er in seinem Wesen nach in eine entsprechende Familie hinein geboren. Er wird nun mit der Wirkung seiner Art und seinen Taten konfrontiert und versucht durch Transformation diese Verhaltensweise abzulegen. Und das kann er, wenn er sich im übertragenen Sinne in Menschen, Umwelt und Beziehungen selbst ein Stück weit wieder trifft. Dadurch lernt er, die schlechten Eigenschaften abzulegen bzw. ins Positive umzuwandeln. Das ist sein karmischer Auftrag.

Gewöhnlich bewirkt die Konfrontation mit dem „alten Selbst" eine oppositionelle Wirkung, denn es ist das Prinzip der Polarität. Und wir haben uns die Entwicklung keinesfalls linear vorzustellen, sondern spiralförmig. Es gibt immer Knotenpunkte im Leben, wo wir auf unser altes Selbst treffen bzw. unser Karma. Denn das, was wir in uns selbst waren, mit all den Gedanken, Willensäußerungen, Gesinnungen und Gewohnheitstendenzen, wird im nächsten Leben gleichsam in die Umwelt ausgegossen und spiegelt sich in Beziehungen und Umständen wider. Ziel ist es, in seiner Entwicklung voranzuschreiten, sich zu transformieren, und immer dem Höheren entgegen zu streben, dem göttlichen Licht entgegen.

Viele unserer heutigen Ängsten, Neurosen, Komplexen und unsere psychischer Instabilität waren einst ein Missbrauch von Talenten und Kräften, oder eine nicht verarbeitete traumatische Erfahrung. Wenn ein Mensch z.B. geltungssüchtig war und die Menschen benutzt hat, um sich selbst zu erhöhen, wird er im darauf folgenden Leben Probleme haben, sich anderen Menschen darzustellen. Durch eine karmisch bedingte Schüchternheit, lernt er allmählich, die Menschen zu achten, ohne sich dabei in den Vordergrund zu stellen. Dieser Mensch lernt hier, eine uneigennützige Umgangweise dem Menschen gegenüber einzunehmen. Die karmisch bedingte Schüchternheit hat ihre Entsprechung in der Erziehung, in der das Kind zuwenig beachtet wurde oder in sonst einer Weise benachteiligt wurde.

Körperliche Leiden sind verursacht durch eine Dissonanz im Wesen gegenüber der kosmischen Gesetzmäßigkeit. Es hat nichts mit Strafe zu tun, sondern ist eine Konsequenz, die aus einem Ungleichgewicht im Wesen selbst herrührt.

Zuerst manifestiert sich diese Dissonanz in einem psychologischen Ungleichgewicht, das, wenn es nicht erkannt und gelöst wird, sich zu einem körperlichen Gebrechen entwickeln kann. Oft ist es auch so, dass sich die Seele ein körperliches Unvermögen auswählen kann, weil es in dieser Konstellation bestimmte Erfahrungen sammelt, die für ihre Weiterentwicklung relevant sind.

Alles, was in Ungleichgewicht gebracht wurde, muss in diesem oder in einem anderen Leben durch entsprechende Umstände wieder ausgeglichen werden. Hier wirkt das Gesetz der Kausalität, denn das höhere Ziel des Karmas ist, dass sich die Extreme in der Mitte auflösen. Je stärker also die Gefühle und Taten in die Extreme schlagen, desto schicksalhafter wird seine gegenteilige Wirkung ausfallen.

Wenn es einem gelingt, im Leben möglichst die Balance in allen Dingen zu wahren, wie der Dalai Lama sagt: „Ohne zuviel Anhaften und ohne zuviel Abneigung", gewinnt man immer. Dadurch entwickelt sich eine innere Gelassenheit und eine gewisse Neutralität dem Leben und seinen Schwierigkeiten gegenüber. Überhaupt wird man schwierigen Phasen völlig anders begegnen, und ihnen die „Schärfe" ihrer Brisanz nehmen können. Denn sie offenbaren sich dann letztendlich als Quelle zur möglichen Weiterentwicklung. Nach einer Krise beginnt stets ein neuer Abschnitt und wir lernen überdies etwas über uns selbst: Wir erkennen darin unsere eigenen Verhaltensmustern und unbewussten Motive darin. Dadurch löst sich Karma auf, indem wir an Weisheit dazu gewinnen und diese letztendlich in Taten umsetzen.

Man hat immer die Wahl sich zu entscheiden, wie man auf eine Situation reagiert, konstruktiv oder destruktiv, neutral oder von Emotionen durchrüttelt - das hängt von Ihrer inneren Haltung ab. Der freie Wille heißt immer die Wahl zu haben, *wie* ich mich entscheide darauf zu reagieren, mit entsprechenden Konsequenzen. Ihre Entscheidungen, die letztendlich zur Handlung führt, und Ihre inneren Motive hierbei, sind ausschlaggebend für Karma.

Wenn es einem aber gelingt, seinen Willen mit den kosmischen Gesetzmäßigkeiten abzustimmen, gelangt man zu einer gewissen Freiheit, die Freiheit vor seiner Illusion. Denn nach den Buddhisten ist das Leben, mit all seiner Vielzahl an Erscheinungen, Maja – Illusion. Die Welt existiert insoweit, wie wir sie nach unserem Wesen her wahrnehmen und die Umwelt dient als Spiegel der momentanen Entwicklung. Wer die Welt voller Leid sieht, hat eben nur Antennen dafür und sieht weniger das Schöne. Daher wird er dem Leben gegenüber befangen sein. Und wer denkt, es geht nicht ohne Stress, der inszeniert unbewusst solche Situationen, bzw. zieht solche Konstellationen immer wieder an, bis wir es verändern und uns transformieren.

Es geht darum Konditionierungen die keine Gültigkeit mehr haben, und alte Verhaltensmuster und Ansichten abzulegen bzw. diese umzuwandeln. Und wir entwickeln uns immer weiter, insoweit es unsere Lebensdauer eben zulässt. Es liegt in unserer Verantwortung.

Aber was heißt Verantwortung? Es heißt für sich selbst einstehen. Und damit haben Sie immer die Möglichkeit sich und Ihre Umstände zu ändern, auch wenn das eine Weile in Anspruch nimmt. Ein Mensch, der seine Verantwortung ablehnt, und davon gibt es gar nicht so wenige, projiziert seine Konflikte und Verhaltensweisen nach außen. Dann sind die Umstände und Menschen an allem Schuld. Man nimmt sich damit die eigene Möglichkeit die Dinge zu ändern, man stagniert. Man kann auch in seiner Entwicklung zurückfallen, indem man sich negative Eigenschaften aneignet.

Oft ist es so, wenn wir Verantwortung ablehnen, und deswegen handlungsunfähig werden unsere Umstände und uns selbst zu ändern, lagern wir diese inneren Prozesse nach außen. Und da es das Synchronisationsgesetz gibt, ernten wir das, was wir unbewusst erwarten. Denn die Umwelt ist stets ein Spiegel unserer momentanen Entwicklung. Aber wir begreifen es oft nicht, daher kann man in sich selbst, wie auch in den kosmischen Gesetzmäßigkeiten, ein Ungleichgewicht aufrühren. Und weil Gleiches immer Gleiches anzieht, können wir in einen Strudel unaufhaltsamen Niedergangs geraten, wenn wir nicht bereit sind die Ursache hierfür bei uns selbst zu suchen. Das Karma zwingt uns notfalls dazu, uns mit uns selbst auseinanderzusetzen, und das geschieht gewöhnlich in Krisenzeiten.

Negative Kräfte sind nicht zu unterschätzen, denn sie bringen einen von uns selbst weg, von der Wahrheit weg – sie trennen uns vom Guten. Im schlimmsten Fall entwickeln wir uns dann negativ, eignen uns schlechte Eigenschaften an, die uns blind machen für die Wahrheit und für das Gute im Leben. Und Karma ist ein Bumerang, es kommt alles zum Sender zurück. Wenn nicht in diesem Leben, dann in einen anderem.

Die Eigenschaften, die wir uns in diesem Leben aneignen, sowie die Art unserer Gedanken und die Taten, die wir säen, werden für das nächste Leben bestimmend. Diese ergießen sich umgewandelt in zukünftigen Umstände und Charakter-anlangen, die gewöhnlich unser Karma sind.

Den karmischen Mustern, die in uns eingeprägt sind, be-gegnen wir in der Umwelt und Beziehungen wieder und alles kann uns etwas über uns selbst sagen. Das höhere Ziel eines Problems, das sich einem stellt, liegt in der Erkenntnis alter Konditionierungen. Es fängt zuallererst mit den Gedanken an, denn Gedanken sind Ideen, die sich verwirklichen.

Nun hat nicht gleich jeder Gedanke Wirkungen. Es kommt auf unsere Eigenart und unsere innere Grundeinstellung an, die uns veranlassen in entsprechender Weise zu denken und zu handeln. Unsere Motive sind ausschlaggebend, auch wenn man sich nach außen hin ganz anders darstellt. Manche Men-schen können sich etwas selbst vormachen. Aber das Karma zeichnet alles wie ein unbestechlicher Buchhalter auf.

Wir alle machen Fehler in unserem Leben, oft unabsicht-lich. Manche begehen auch Fehler, ohne dass sie sich dessen bewusst sind. Es gibt aber auch Menschen, die mit Absicht Schaden herbeiführen. Für diese Kategorie Mensch, wird das spätere Karma umso bitterer ausfallen.

Unterdrückung bestimmter Charakteranteile in uns, jene unliebsamen Seiten, die wir gerne ausblenden würden - un-sere Schwächen - werden oft durch den anderen gespiegelt, bzw. bewusst gemacht, bis wir lernen sie anzunehmen und zu integrieren. Denn dann geschieht etwas Merkwürdiges: Unsere Fehler wandeln sich zu einer Quelle potentieller Mög-lichkeiten zur Veränderung. Fehler können einen somit einen Weg zu unserem inneren Wesen weisen, das gewöhnlich durch alltägliche Banalitäten verschüttet liegt.

Wir sind hier, um uns zu vervollkommnen, uns weiter zu entwickeln, und mit dem, was wir mitbekommen haben, das Beste daraus zu machen und aus unseren Fehlern zu lernen. Dies geschieht schwerlich in nur einem Leben, dazu braucht es viele, viele weitere Leben. Denn wir lernen unter bestimmten Konstellationen, die genau für dieses eine Leben zugeschnitten sind.

Manchmal können unsere „dunklen Seiten" in einer Vorinkarnation wurzeln. Wenn ein Mensch z.B. jähzornig und verletzend gegenüber anderen war, wird er im darauf folgenden Leben mit Menschen zusammen kommen, die ihm das zurückspiegeln, indem sie in irgendeiner Weise ihm gegenüber immer wieder verletzend sein werden. Diese Erfahrung bewirkt oft eine gegenteilige Entwicklung, und zwar, dass er aus einer gewissen Angst davor umsichtiger mit anderen wird und sich letztendlich unter den Folgen charakterlich wandelt. Das ist sein karmischer Auftrag. Und das Leben ist voll von karmischen Aufträgen - das sehen wir ganz deutlich an unseren Problemen. Das Gute ist, dass wir uns durch Krisenzeiten transformieren, wenn wir lernen mit unseren Schwierigkeiten konstruktiv umzugehen, statt in ihnen zu versinken.

Wie geht man mit einer negativen Erfahrung positiv um? Dies gelingt uns erst nach einer gewissen Zeit, wenn die Brisanz der Krise nachgelassen hat. Dann werden wir nämlich objektiver und können die Geschehnisse aus einem anderen Blickwinkel betrachten. Man zieht Vergleiche. Es ist wie mit einem Gemälde, wenn man zu nah dran ist, erkennt man nur einen winzigen Ausschnitt, und den nur ganz verschwommen. Treten wir aber zurück, d.h., distanzieren wir uns, erkennen wir das ganze Gemälde und sehen die einzelnen Zusammenhänge, die uns jetzt in einem Gesamtbild übermittelt werden.

Karma und die göttliche Einheit

Was hat dies alles mit Tod zu tun? Der Tod ist der größte transformatorische Prozess der Seele überhaupt. Und diesen Prozess erfahren wir sozusagen in Miniformat in unserem Leben, durch die Krisen, durch die wir gehen.

Krisen bedeuten Aktualität von Karma - es sind die Knotenpunkte, in denen wir auf unser altes Selbst treffen. Das kann sowohl in der Vorinkarnation begründet sein, wie auch in Ihrer Vergangenheit. Traumatische Krisen sind meist Erfahrungen, die nur zu oft in einem anderen Leben begründet liegen, worüber wir uns zumeist aber nicht bewusst sind, daher wirken sie wie ein Schicksal auf uns. Im gewissen Sinne muss es auch so sein, dass wir uns nicht an unsere Vorleben erinnern können, denn vieles, was wir an Schwierigkeiten und Krisenzeiten eben haben, wurzelt in einem oder gar mehreren Vorleben.

Wir erinnern uns nicht, weil es uns belasten könnte und wir wichtige Erkenntnisse, die wir im Laufe unseres Lebens gewinnen, nicht erzielen könnten. Wir würden um unsere Entwicklung kommen. Gerade Krisen öffnen das innere Wesen. Wir kommen mit unbewussten Elementen in Berührung, von deren Existenz wir nicht einmal ahnten. Es liegt ein ungeheueres Potential in uns selbst. Nach der Bewältigung von Krisen wundern wir uns manchmal über uns selbst, wie wir das durchgestanden haben.

Krisen lösen im späteren Verlauf nötige Erkenntnisse in uns aus, die uns verändern, und eignen uns neue Sichtweisen und Eigenschaften an. Dann hat Transformation stattgefunden. Wir alle stehen auf ganz unterschiedlichen Entwicklungsstufen, und summieren unsere Weisheit und vervollkommnen uns mit jeder Inkarnation. Mehr oder weniger gehen wir durch fast alle Erfahrungen hindurch, die die einzelnen Leben zu bieten haben, um einmal ein Meister unseres Karmas zu werden, d. h., bis auf unserem Karmakonto an Soll und Haben alles ausgeschöpft ist.

Am Anfang ist die Seele noch unbewusst - sie ahnt nichts von ihrer Natur, die von göttlichem Ursprung ist. Sie begegnet dem Leben in einer instinktiven und naiven Weise. Erfahrungen werden nicht reflektiert und innere Prozesse lagert sie nach außen, in die Welt der Form und Begrenzungen. Sie handelt vermehrt unüberlegt und begreift den Zusammenhang innerer Vorgänge nicht und die daraus resultierenden Folgen. Sie wird stark von Begierden beeinflusst und lehnt Verantwortung ab. Dadurch kann ihr Handeln von unbewussten Motiven und Mustern geprägt sein und sie erkennt nicht, dass sie der Urheber von vielen ihrer Schwierigkeiten ist. Sie ist oft nicht objektiv genug, Dinge und Menschen richtig einzuschätzen. Ihr Leben wird massiv von Gefühlen geprägt - sie erlebt die Welt entweder als schwarz oder weiß. Und sie kann recht unsensibel auf Menschen reagieren, weil sie sich ihrer Wirkung auf andere oft nicht bewusst ist. Sie betrachtet alles rein subjektiv, kann sich nicht von ihren Handlungen distanzieren, und denkt nicht über die Folgen ihrer Taten nach, was unweigerlich Leiden nach sich zieht.

Durch leidvolle Erfahrungen kommt ein entscheidender Prozess in Gang: Sie beginnt sich allmählich in Relation zu den Dingen und den Menschen zu setzen. Sie hinterfragt die Ereignisse und beginnt langsam zu erkennen, wie die Ereignisse und Beziehungen mit ihren inneren Einstellungen zusammenhängen. Sie distanziert sich allmählich von ihrer eigennützigen Sichtweise, lernt den anderen Menschen in seinen Bedürfnissen wahrzunehmen und zu respektieren und kann sich in andere Menschen und Situationen einfühlen. Dadurch entwickelt sie Mitempfinden, nimmt Anteil am anderen und objektiviert sich immer mehr, bis sie ihre göttliche Natur erahnt: Sie wird durchlässig für spirituelle Erfahrungen und erkennt, dass sie Teil eines großen göttlichen Ganzen ist, mit dem sie am Ende ihrer Reise verschmilzt.

Das ist jetzt natürlich eine Simplifikation und die Zeit, die eine Seele dazu braucht, kann unterschiedlich lang sein. Nur wenn wir durch alle Stationen, mehr oder weniger, gehen, werden wir auch immer umfassender. Wir summieren unser Wesen mit jeder Anzahl der Inkarnationen, dass man es sich bildlich wie mit einem Diamanten vorstellen kann: Zuerst besteht der Rohstoff, dann werden die Ecken und Kanten (Karma) abgeschliffen und fein gearbeitet, dass seine vielen Facetten (Erfahrungswerte) hervor kommen, bis er so fein wird, dass sein innewohnendes Potential (der göttliche Geist) in seinem Glanz erstrahlt. Und wie der Diamant sich im Licht reflektiert, so erkennen wir in uns und um uns herum das göttliche Licht.

Warum müssen wir Leid erfahren? Es ist nicht nur unser Karma sondern auch unser Erbe, denn durch Erkenntnis können wir überhaupt das Eine vom Anderem unterscheiden. War es nicht der Biss in den Apfel, der Eva zur Erkenntnis brachte, dass sie nackt waren? Und ist ihre erste leidvolle Erfahrung nicht die Vertreibung aus ihrem Paradies, in das sie einst verwoben waren?

Wie ich bereits beschrieben habe, ist unser vorgeburtliches Dasein in seliger Harmonie eingebettet und somit das Bewusstsein ein „Selbst" zu sein noch nicht entwickelt, denn wir fühlten uns eins mit unserer Umgebung. Erst die gegenteilige Erfahrung bringt uns zu Bewusstsein: Die erste „leidvolle" Erfahrung der vertrauten Umgebung entrissen zu werden.

Durch Leid kommen wir zu Bewusstsein, und Entwicklung findet nicht statt, wenn das Leben nur in einer Gradlinigkeit verläuft und es keine Höhen und Tiefen gibt. Wir können uns überhaupt erst glücklich fühlen, wenn wir erfahren haben, wie sich schlechte Zeiten anfühlen. Überdies bringt es uns auf uns selbst zurück, denn ohne Grenzen könnten wir im wahrsten Sinne des Wortes entmenschlicht werden. Es ist das Polaritätsgesetz, in dem wir leben. Bringt uns Leid nicht auch zur Erkenntnis über uns selbst? Durch Erkenntnis haben wir die göttliche Einheit verloren und Erkenntnis wird uns zu dieser wieder zurückführen.

Was ist Gott oder die göttliche Einheit? Für die Buddhisten ist es der absolute Geist, dort gibt es keinen alleinigen Gott. Dieser absolute Geist besteht von anfangsloser Zeit an. Er ist leer von jeglicher Anhaftung und doch voll potentiellen Möglichkeiten. Das Ergreifen und Ergriffene besteht nicht. Es ist ein Dort und auch ein Nirgendwo, wo sich alle Polarität und Kausalität in einer Ebene auflösen, die kein Anfang und kein Ende hat. Völlige Einheit, sich selbst nicht ergreifend, ideen- und formlos. Der Atem, der alle beseelt und wiederum in sich verschlingt, in einer Unendlichkeit seiner dunklen Umarmung. Voll klaren Lichtes und doch in einem Mysterium unzähliger Myriaden Erscheinungen getaucht.

Dieser Geist ist unsere lichte Natur, die alle Dinge und Erscheinungen zu Grunde haben. Und wenn wir fähig wären diesen Geist zu erkennen, würde die ganze Welt in einem anderen Licht getaucht sein, nämlich so, wie sie wirklich ist. Was wir sehen, oder meinen zu sehen, ist eine Kristallisation von Ideen. Und die emotionale Art, wie wir uns auf sie beziehen, existiert lediglich in unserem Weltbild. Nach den Buddhisten ist die Welt daher eine Illusion, genau so wie es eine Illusion ist, ein Ich zu sein, denn das Ich besteht durch diese Welt. Wenn wir keine Beziehung hätten und uns auf nichts beziehen könnten, was wären wir dann?

Wir erhalten ein Gefühl von unserm Ich, weil wir uns im Austausch mit unserer Umwelt befinden, denn die Gefahr ist groß in Konfusion zu stürzen, wären wir dem entrissen. Wenn wir aber genauer hinschauen, geht es um Energieaustausch.

Wo unsere Aufmerksamkeit hinzielt, geht auch unsere Energie hin. Und wenn wir nur am Geben sind, ohne etwas zurück zu erhalten, werden wir förmlich ausgelaugt. Das gleiche passiert, wenn jemand versucht uns von seinen Ansichten zu überzeugen oder seinen Willen bei uns durchzusetzen. Geben wir dem nach, geht auch ein Teil unserer Energie an ihn ab, und er fühlt sich dann bestätigt, was ihm ein gewisses Hochgefühl vermittelt – durch unsere Energie. Aber was ist und woher kommt diese Energie, die uns am Leben hält? Es ist die göttliche Energie, bei den Indern ist es das Prana, bei den Chinesen das Chi und bei den Buddhisten der absolute Geist. Diese „Lebensenergie" wurde uns mitgegeben und legt die Dauer unseres Daseins fest. Wenn wir die Materie genauer untersuchen, finden wir als kleinste Einheit Energiekomponenten, die atomaren Verbindungen. Also besteht die Welt aus Energie, aus Geist heraus geboren.

Was wir als „Äußeres" wahrnehmen sind Energieverbindungen, die unterschiedlich schwingen. Feste Materie schwingt relativ langsam, deswegen nehmen wir keine Bewegung wahr, aber ihre atomaren Verbindungen bewegen sich, sie schwingen, nur nicht für uns sichtbar. Lebensformen, die in der Entwicklung progressiv voranschreiten, schwingen immer schneller, weil sie näher am Geist dran sind. Und durch ihre Bewegungen wird Licht erzeugt, denn der Geist leuchtet aus ihr heraus. Und weil die Wissenschaft entdeckt hat, dass Licht in Ton umgewandelt werden kann, sind wir umgeben von einem Meer voller Licht, Schwingungen und Klängen, wenn wir die Erscheinungen in ihrer Essenz wahrnehmen könnten. Und in dem bewegenden Lichterspiel und in den Klängen spricht unaufhörlich der Geist, denn ein jedes offenbart sein innerstes Geheimnis, seine Geschichte.

Was ist Gott? Gott *ist* das göttliche Licht und der göttliche Geist. Bevor die Götterdämmerung war lag der „Geist über den Wassern" (Bibel): Es war noch kein schöpferisches Prinzip enthalten. Sein Geist war und ist Geist; Geist vor seiner schöpferischen Uridee. Und doch zeichnete sich die Geburt des Lebens ab, **der Idee.** Denn Geist ergreift sich selbst nicht, er ist ein unendliches Ganzes, in sich selbst verschlungen und doch voller Strahlkraft. Das Wasser stellt das Leben (Idee) dar und indem er es befruchtet, tritt seine Manifestation heraus, was bedeutet, dass das Polaritätsprinzip in Kraft tritt. Das Eine wurde zum Anderem. (Adam und Eva versinnbildlichen hier die beiden Polaritätsprinzipien) Und indem sich die grundlegenden Prinzipien ineinander spiegeln, war die Idee urbar und somit wurden unzählige Formen geschaffen, die die Trinität des Schöpferaktes als volle Einheit wieder umschließen. Der heilige Geist, der heilige Vater und der heilige Sohn. Sowie Vater, Mutter und Kind eine Einheit der Familie darstellen, so ist das Göttliche eine gemeinsame Einheit mit sich und seiner Schöpfung.

Eins waren wir in Gott und er in uns, so wie es noch heute ist. Doch die meisten sind sich dessen nicht mehr bewusst, weil sie ihre *Sicht* verloren haben. D.h., ihre naturgegebene Gabe, die Offenbarungen *schauen* zu können. Was wir wahrnehmen, kann man mit einer äußeren Haut vergleichen, die

die ganze Vielfalt und Komplexität innere, bzw. höhere Zusammenhänge verbirgt.

Vor unerdenklichen Zeiten war die Welt, so wie wir sie erleben, nicht gegeben, denn die Materie hat sich am Ende der Kette erst heraus kristallisiert. Wir hatten zuerst eine rein geistige Form des Seins, denn zuerst war alles Geist, bevor es sich in unerdenklichen Zeiten in immer gröbere Formen manifestiert hat. Der Zustand im Mutterleib bildet ein schwaches Relikt den Zustand, indem wir einst waren, bevor wir Mensch geworden sind. Denn wir waren verschmolzen mit der göttlichen Einheit. Ein getrenntes Ich gab es nicht, wohl aber ein um das vielfache größere Bewusstsein eines Selbst, das an seine Umgebung ausgegossen war. Wir hatten an allem Anteil und alles war ein Teil von uns. Wir standen in Gottes Offenbarung, gleichsam von seinem Atem durchströmt. Ein Bewusstsein, ein eigenständiges Selbst zu sein, bestand nicht, denn dies hätte uns verschieden gemacht von Gott, mit dem wir in einer Einheit verschlungen waren. Sein Licht atmend, konnten wir seine göttliche Offenbarung direkt erblicken und spiegelten sie, ohne Begehr sie zu „ergreifen", in den Kosmos zurück.

Alles war erfüllt vom himmlischen Licht, prachtvollen Farben und bezaubernden Klängen, die unentwegt den Einen priesen. Und das Universum erglimmte und erstrahlte in einer Erhabenheit und Majestät, die die Fußspuren Gottes waren, der durch das Universum schritt. Berauschende Klänge und sich bewegende, tanzende Lichtspiele warfen glitzernde Netze über das Universum hinaus, in das die göttliche Wahrheit eingeknüpft war und das wie unzählige Diamanten aufschimmerte und leuchtete in allen herrlichen Farben und Facetten. Selbst die Farben waren lebendig und Zeugen einer großen Ära, gleich eines glorreichen Königreiches. Es was alles ein einziges Fließen und Strömen eines unendlichen Klanges, das durch den Raum schallte und ein gewaltiges Lichtermeer empor stampfte, welches sich wieder verströmte in unendliche Weiten. Und wir waren ganz darinnen, waren Teil von allem und alles ein Teil von uns selbst. Wir waren eine Note in der schönsten, kosmischen Harmonie, die Gottes Pulsschlag je zu dirigieren vermochte. Wir waren in ihm und er in uns, voll verschwenderischer Liebe und seliger Harmonie. Wir haben uns ganz hin gegeben, unser ganzes Sein an ihn. Und durch ihn und mit ihm waren wir Eins, verschlungen in himmlischer Ekstase. In der größten Symphonie tanzender Herzen und unerschöpflichen Klängen einer sich vollkommen verschwenderischen Liebe. Diesem waren wir hingegeben, ganz und gar, mit jeder Faser. Tag und Nacht waren noch nicht geboren, die Dunkelheit nicht aus dem Licht geschnitten und Gottes Atem strömte in die Unendlichkeit eines nie aufhörenden Klanges, des Klanges seines Wortes, der sich in die Vielheit senkte. Liebe war sein Schöpferakt, bis heute.

Diese Liebe ruht noch als Funke in Ihrem Herzen. Sie ist ein Abglanz von jenen erhabenen Zeiten, die uns ins Dasein riefen. Geist vom Geist entnommen, eingehaucht mit dem Odem der Mysterien waren wir in der Glorie seines Glanzes. Einen schwachen Abglanz davon finden wir in der irdischen Liebe, die wir empfinden. Und seit wir dem entrissen wurden, klafft eine tiefe Schlucht in unserem Innern, der wir zu entrinnen versuchen. Eine Sehnsucht, die wir nicht beschreiben können, ist das Sehnen nach unserer verlorenen Einheit mit Gott. Was ist geschehen? Das, was uns hindert Gott zu erkennen, wir selbst sind die Antwort auf unsere Frage.

Am Anfang war noch alles ungeboren, d.h., in Einheit begriffen. Der schöpferische Akt war einst rein geistig und in sich vollkommen. Das *Greifen* nach den Offenbarungen ist die eigentliche Erbsünde.

Wir spiegelten unendlich lange Zeiten die göttliche Offenbarung in den Kosmos zurück. Irgendwann *begehrten* wir danach, d. h., wir nahmen sie für uns in Anspruch und wurden bedingt dadurch uns selbst gegenüber bewusst (Der Biss in den Apfel). War es vorher ein einziges Fließen und Strömen, denn es rann und pulste himmlisch durch uns hindurch, waren wir ein Teil von allem. Durch unser *Greifen* nach den göttlichen Tatsachen, griffen wir in den Plan ein und fielen bedingt dadurch aus der Einheit heraus. Wir wurden uns dessen zu bewusst, seine Offenbarungen zu spiegeln, aber der Preis dieses Bewusstseins über Gott trennte uns von ihm und unsere Einheit mit ihm, denn wir nahmen uns nun als *verschieden von Gott* wahr. Dadurch wurden wir erst uns selbst gegenüber bewusst, denn wir waren ja verschmolzen mit der göttlichen Einheit.

Diese Erkenntnis über uns selbst ist der erste Fall aus dem himmlischen Paradies, denn die verbotene Frucht ist unser Begehren nach den Offenbarungen. Wir sind zur Erkenntnis über uns selbst gelangt und die Erkenntnis über Gott wiederum wird uns wieder dahin zurückführen, woraus wir gefallen sind, es folgte eine Spaltung mit Gott und der Einheit. Konträre Kräfte wurden ins Dasein gerufen, die sich in der jungen Seele niederschlugen. Denn das Gesetz der Polarität setzte sich in Kraft, durch die *Teilung* mit der göttlichen Einheit. Einerseits ermöglichte dies die Menschwerdung, anderseits hinderte es den Menschen aber auch am Rückgang, da er die widerstreitenden Kräfte überwinden muss, die durch die Entwicklung seines autonomen Selbsts entstanden sind.

Durch die Wechselbeziehung der gegensätzlichen Kräfte schuf der noch junge Mensch Wesenhaftes um sich herum.

Die geistig/seelischen Regungen manifestierten sich: Aus Innen wurde ein Äußeres.

Was wir heute als „Innen" erleben, war damals gleichsam in die Umgebung ausgegossen. Gefühle waren als skurrile Gestalten sichtbar, denn in ihnen selbst lag Wesenhaftes. Das Leben war damals völlig anders, Mythen und Mysterien beschrieben dieses Leben, das hoch spirituell war.

Der Mensch hatte auf dieser Stufe noch kein ein Ich Gefühl, wie wir es heute kennen. Er hatte vielmehr ein kristallklares Bewusstsein, empfand sich aber immer noch als eine Erweiterung seiner Umgebung. Er konnte die Offenbarungen, die in den Mysterien lagen, sehen. Er hatte noch nicht die feste Körperlichkeit, wie heute. Der damalige Mensch hatte vielmehr einen luziden Körper, wenngleich unsere Körperform, aber er war mehr ätherisch. Gedanken gab es damals nicht, es war vielmehr alles bildnerisch um den Menschen herum gestaltet. So konnte er jene Schöpferkräfte *schauen*, die in der Natur wirken.

Sein Begehren aber ein „Selbst" zu sein, führte ich weiter auf unbekannte Pfade. Er fiel weiter in grobstofflichere Ebenen hinunter und seine hellsichtigen Kräfte nahmen immer mehr ab. Doch war er immer noch schöpferisch und fühlte sich den Erscheinungen, die er selbst hervorbrachte, zugeneigt.

Stellen Sie sich vor, Sie könnten ein in sich lebendiges Gemälde hervorbringen, dann erahnen Sie die Fähigkeiten des damaligen Menschen, die für uns heute jedoch kaum vorstellbar sind. Er hatte eben Kräfte, über die wir heute nicht mehr verfügen. Irgendwann wurde er immer unwissender, je mehr er sich der dunklen Materie zuneigte. Er vergaß seinen Ursprung und fiel bedingt dadurch auf den irdischen Plan.

Er erkannte seine eigenen Schöpfungen nicht mehr und diese zogen sich dann in das Innere des Menschen zurück.

Dafür wurde seine Umwelt immer gegenständlicher, immer fester und greifbarer und erste Formen von Gedanken zogen in ihm auf.

Sein erstes Ich Gefühl entstand, weil er sich nun verschiedenen von seiner Umwelt wahrnahm, was ihn ein dichteres Gefühl von ihm selbst vermittelte. Seine Welt wurde zur Illusion, weil er vergaß, dass er der Urheber dieser Welt war, die nicht von Gott stammt. Und dennoch konnte er aus seinem Leben als himmlischer Mensch etwas bewahren, bis zum heutigen Tag. Es ist der göttliche Funke in ihm, in der Gottes Liebe ruht. Und Gott ruft nach seinem verlorenen Sohn. Man sagt in spirituellen Kreisen, dass die Erde einen Notfallplan darstelle, um den Menschen die Möglichkeit zu geben, sich wieder empor zu entwickeln.

Seit dem Niedergang gab es Spaltungen und bedingt dadurch entwickelten sich die Seelen unterschiedlich. Es gibt Seelen, die sich auf anderen Ebenen weiter entwickeln. Und viele junge Seelen strömen auf dem Erdenplan ein, das sieht man an der Bevölkerungsexplosion. Dafür weicht Natur und Tierwelt.

Die weiter entwickelten Seelen wirken auf den jungen Menschen ein. Dies erkennt man u. a. an einem Geistesblitz. Aber vielmehr wirken sie spirituell auf uns ein.

Die höher und niedriger entwickelten Seelen finden gerade heute die geeigneten Bedingungen. Ganze Seelengruppen finden sich zusammen, die die unterschiedlichen Kulturen bilden. Und durch die weltweite Vernetzung, dem Kultur- und Wirtschaftsaustausch, beginnen die verschiedenen Ströme der Seelen sich einander anzunähern und Extreme allmählich auszugleichen. Unser Kollektivkarma verbindet sich. Wieder stehen wir an einer Wende, denn die Kollektiventwicklung der Menschen verläuft nicht geradlinig sondern spiralförmig. Bestimmte Kulturepochen erfahren eine straffe Wiederholung auf einer höheren Ebene.

Was als geistige Tatsachen damals erlebt wurde, erfährt eine Neubelebung unter anderen Konstellationen. Wir werden nicht das Bewusstsein von unseren alten magischen Zeiten erleben, sondern unsere Entwicklung geht weiter. Mit *vollem Bewusstsein* werden wir zur göttlichen Ebene wieder zurückfinden. Wir dringen zum Kern auf zwei Ebenen vor: Wir haben das Leben von außen her studiert (Wissenschaft) und transformieren uns innerlich zum göttlichem Licht (Spiritualität). Und genau diese beiden verschiedenen Erkenntnisse nähern sich immer weiter an. Beide sollen sich befruchteten, denn dadurch findet sich der Schlüssel zum Geheimnis aller Geheimnisse. Was ist das Geheimnis? Die Antwort liegt in Ihnen selbst.

Der Nachtodzustand

Wenn wir geboren werden, machen wir die erste Erfahrung eines Todes durch: Der Verlust der Einheit mit unserer Umgebung. Wir sind in gewisser Weise gestorben, um geboren zu werden – um ein Ich zu werden.

Der Zustand im Mutterleib ist schwaches Relikt unserer geistigen Herkunft, in der wir mit Gott in einer Einheit umschlungen waren und kein Bewusstsein ein eigenständiges, d.h., von ihm abgetrenntes Selbst zu sein.

Diese Erfahrung des Verlustes unserer Einheit erwirkt Lebenswillen und Todesangst, denn beides geht nebeneinander her. Dieser Lebenswille, also ein Ich zu sein, und die Todesangst es zu verlieren, stellen zwei große spirituelle Prüfungen an den Menschen anheim. In ihr liegt die kosmische Tragödie, die er auf seinem Weg zu Gott zurück überwinden muss. Sein Ich war sein Niedergang und sein Ich wird das Tor zurück zu Gott, indem wir es ihm auf seinem Altar darbringen. Das ist eine spirituelle Hochzeit.

Wir verlieren etwas, fürwahr, all unsere Beschränkungen und Getrenntsein eines Bewusstseins, das keine Langzeitperspektive hat, und gewinnen voll dazu: Unser göttliches Sein, ohne Greifen, ohne Begehren und daher ohne jegliche Angst. Der Weg kann unendlich lang sein, denn die Raffinesse unseres Ichs kann man als meisterhaft bezeichnen. Und obwohl wir es verkomplizieren ist es nicht genug damit, denn um uns herum sind Kräfte, die ein eigenes Interesse verfolgen. Es sind jene Kräfte, die seit des Menschen Niedergang entstanden sind. Sie sind durchaus wesenhaft, aber auch doch nur so wirklich wie der Schatten, den das Licht wirft. So hielten gute und böse Kräfte und Wesen Einzug in die geistige Welt, weil der Mensch sich von der Offenbarung trennte und somit unweigerlich die Polarität auf den Plan rief. Einerseits ermöglichte das unsere Ich Werdung, anderseits spiegelt sich das Ringen der fundamentalen Kräfte in uns wieder. Wenn Yin und Yan, Gut und Böse nicht in Gleichmaß zueinander stehen, ziehen disharmonische, ja zerstörerische Kräfte und Wesen auf. Sie wirken aus der geistigen Welt auf uns ein und sind daran interessiert unser Ich zu verstärken, was uns letztendlich an die Welt der Materie kettet, aber dafür den Wesen ein Fortbestehen ermöglicht. Ihre scheinbare Existenz hängt von uns ab, denn mit der Auflösung unseres Ichs sind auch sie bedroht, sie würden sich in der Absolutheit des Geistes auflösen, genau wie sich unser Ich in Gott auflöst.

Die Polarität hat sich vervielfacht und Schicht um Schicht müssen wir vordringen, um zu unserem eigentlichen Kern zu gelangen. Der Tod stellt damit eine Befreiung des Geistes aus seiner Umschlossenheit des Ichs dar und wirft Licht auf unsere endgültige Vereinigung mit Gott oder dem göttlichen Geist.

Wenn wir sterben, gleicht es einer Geburt, wir durchleben dieselben Ängste, die ein Neugeborenes erlebt. Ja, die Angst bekommt eine viel größere Dimension als zu Lebzeiten. Denn wir verlieren wirklich restlos alles, wenn wir an eine Welt der Endlichkeit glauben. Und wie der Prozess des Geburtsvorgangs, so erleben wir auch einen Prozess des Sterbens, der uns nach und nach auf den eigentlichen Tod vorbereitet.

Seelisch sind wir in einem absoluten Ausnahmezustand und gehen durch alle Tiefen unserer zu Lebzeiten unterdrückten Urinstinkte. Wir können voller Wut und Hass erfüllt sein, ohnmächtig, panisch, schizoid, gelähmt vor Trauer, um dann durch dieses Inferno hinweg zu einer inneren Gelassenheit des Loslassens zu gelangen, das sich durch das Akzeptieren der eigenen Sterblichkeit einstellt. Viele, die im Leben keinen Glauben formuliert haben, fangen jetzt an zu glauben, denn sie spüren in ihrem Innern - soweit sie es nicht verdrängen - eine nicht erklärbare feste Gewissheit, dass sie mit dem Tod nicht einfach ausgelöscht sind. Aber es bleibt eine Ungewissheit, zuweilen auch Panik bestehen, was mit ihnen nach dem Tod geschieht. Und keiner kann das mit absoluter Sicherheit sagen, denn das Erleben im Tod kann so verschieden sein, wie es unterschiedliche menschliche Charaktere gibt. Wenn auch viele einheitliche Parallelen existieren, wie die Nahtodforschung ergeben hat.

Der Buddhismus zeichnet eine regelrechte Landschaft im Tod ab, mit Stadien, *den Zwischenzuständen*, durch die alle mehr oder weniger gehen. Nach dem Dalai Lama aus Sogyal Rinpoches Buch – das tibetische Buch vom Leben und Sterben – „ist das Erleben im Tod von dem Karma bestimmt, das Sie zu Lebzeiten angehäuft haben. Und so wie der Geburtsmoment sich bestimmend für unser Leben unbewusst einprägt, so ist die geistige Haltung vor dem Eintritt des Todes von gravierender Bedeutung, denn diese Geisteshaltung wird im Tod mit übernommen. Die Bewusstseinshaltung vor dem Tod kann ihr Karma abmildern, wenn sie eine heilvolle Ausrichtung hat."

Ist Ihr Geist aber voller Hass, Angst oder Verwirrung, wird dies auf den Nachtodzustand übertragen und wird auf Sie einwirken, als sehr gegenständliche Projektionen. Das Erleben erfüllt daher die ganze Spannbreite zwischen himmlischer Ekstase und sehr Furcht erregenden Erfahrungen. Das kommt auf Ihr eigenes Wesen an und wie schwerwiegend Ihr Karma ist.

Wenn Sie im Leben stark begierdenreich waren, fehlen Ihnen im Tod die Mittel dazu, sie zu befriedigen, und sie können wie ein brennendes Verlangen an Ihnen zerren, das Sie nicht stillen können. Im Leben bekommen wir die Wirkung der Begierden nicht zu Bewusstsein, denn wir können sie ja mit Mitteln dieser Welt befriedigen. Unser ursprüngliches „Begehren" erschuf diese Welt.

All das, was Sie ausmachte im Leben, also Ihre Grundhaltung, Taten, Gefühle und Gedanken, erwirken eine sehr echt erscheinende „Umwelt" im Tod. Denn alles, was *in* Ihnen war, fließt gleichsam nach außen. Es sind Ihre eigenen Projektionen. So können Gefühle und Gedanken sehr real wirken und sich in verschiedenen Gestalten, Formen, Farben und Tönen kleiden.

Hinter den Gefühlen liegt ein Potential, über das wir zu Lebzeiten nicht zu Bewusstsein gelangen. Es liegt etwas Wesenhaftes in ihnen, dadurch, dass wir ihnen Leben eingehaucht haben, denn wir identifizieren uns mit ihnen, sie sind aber nicht unser eigentliches Wesen. Der damalige Mensch konnte diese „Bewegungen" seiner Seele *schauen.*

Schauen Sie sich einmal Ihr Gefühl an, was ist es in sich selbst? Sie können alle Gefühle wieder auf die zwei ganz grundlegenden Ausrichtungen reduzieren: Abneigung und Zuneigung, die sich mannigfaltig äußern. Sie sind wie Wogen des Ozeans, die Ihre Seele durchziehen. Wenn Sie z.B. Wut empfinden, ist es wie ein Heranschnellen, ein inneres Erbeben, um auf dem Höhepunkt zu eskalieren, dann zieht sich die Empfindung wieder zurück. Wohin zurück? In den Ozean Ihrer Seele. Sie sind nicht das Gefühl selbst, aber sie erzeugen es und dadurch erhalten die Gefühle erst Substanz in Ihrem Wesen.

Die Art und Weise der Ausrichtungen Ihrer Gefühle und Gedanken wird zuerst durch Ihre Konditionierungen be-

44

stimmt. Wenn Sie sich nicht mehr zu stark mit Ihren Gefühlen vermischen, erschwächt auch ihre „Sogkraft" und Sie können klarer sehen. Überlassen Sie sich nicht gleich jedem Gefühl, denn Gefühle können Sie aus Ihrer Zentriertheit reißen, Sie beherrschen und zu unüberlegten Handlungen verleiten. Lassen Sie objektive Vernunft walten, bevor Ihre Gefühle *Sie* im Griff haben und Sie sprichwörtlich den Wald voller Bäume nicht sehen. Denn Gefühle und Gedanken manifestieren sich in Ihrem Leben, formen sich zu Karma und wirken wiederum im Tod auf Sie ein.

Bei den Nachtodforschungen hat sich vielfach ein Lebensrückblick ergeben, der auch im buddhistischen Glauben verankert ist. In diesem Rückblick betrachten Sie sich selbst, Ihr Leben und Ihre Taten. Der „karmische" Auftrag wird in dieser Beschauung ersichtlich, denn jeder Mensch wird mit einer bestimmten Aufgabe, die auf sein Karma abgestimmt ist, in das Leben hinein geboren. Wir sehen jetzt mit anderen Augen, weil unser Bewusstsein um das Vielfache klarer ist. Wir erkennen unsere Wirkung auf andere und auch, was wir unterlassen haben. *Gleichzeitig werden wir uns gewahr, was uns auch immer passiert ist, den tieferen Grund dahinter stehend.*

Haben wir an unserer Aufgabe vorbei gehandelt, d.h. u. a. unsere Selbstsucht verstärkt, ist es, als kämen wir mit leeren Händen zurück. *Durch alles, was wir vollzogen haben, erfahren wir hier die Wirkung an uns selbst.*

Der Mensch kann in seiner Entwicklung voran schreiten oder zurück fallen, denn das Negative strebt ebenso zur Verwirklichung wie das Positive. Aber hier im Tod erfahren wir einen Ausgleichprozess und der kann schön oder schrecklich sein, je nach Verdienst. Es ist die so genannte Läuterungssphäre, in der wir uns selbst betrachten. Man nennt diese Sphäre auch die Astralebene (auch Kamaloka genannt).

Die Astralebene hat Bezug zu unserer Seele und unsere Seele beherbergt all unsere Gefühle, Begierden, Wünsche, Urinstinkte, Ängste u. s. w. Alles, was wir in dieser Beziehung im Leben angehäuft haben, findet hier Anwendung. Haben wir z.B. sehr viel Hass angehäuft und Menschen verletzt, verbal oder handgreiflich, oder einfach nur diese zerstörerischen Gefühle in unserer Seele genährt, dass sie uns regelrecht vergifteten, dann kann man sich vorstellen wie unglaublich schrecklich diese Emotion die Astralebene kreiert. Die höllische Erfahrung ist, dass diese vorherrschende Emotion gewaltsam auf uns einwirkt. Die christliche Religion und der Buddhismus beschreiben diesen Zustand, der das reinste Szenario sein kann, mit archetypischen und skurrilen Gestalten (Projektionen), die tatsächlich Folterungsszenen beschreiben. In der Astralebene werden die innere Haltung und schwere Taten geläutert, denn das hindert die Seele sonst weiter durch die geistigen Ebenen empor zu reisen. Wenn wir gut waren, erfahren wir die Astralebene als himmlische Erfüllung.

Oft werden die Astralebenen als Fegefeuer verglichen. Wenn wir an unsere Begierden denken ist es tatsächlich so, dass diese ausgelöscht werden. Es ist ein Reinigungsprozess der Seele, um gröbere Eigenschaften und Begierden hier abzulegen. Wir werden soweit gereinigt, dass wir unser Ich abstreifen, das ja durch das Leben entstanden ist.

Hat die Seele die Astralebene hinter sich gelassen, ist sie nunmehr vergeistigt und durchschreitet je nach Reife und Erfahrungen, die sie sich angeeignet hat, *in den geistigen oder himmlischen Ebenen höher.* Sie erfährt ein umfassendes Gefühl von allem und ist mit höherer Schau ausgestattet. Sie sieht die innewohnende Wahrheit von allem, erkennt hinter ihren Gedanken die ursächlichen Bilder, das, woraus sie gemacht sind. Alles, was wir an Inspirationen, Imaginationen und Ideen zu Lebzeiten haben, findet hier ihren Ursprung, die erst als geistige Bilder entstehen, um sich dann in Gedanken zu kleiden.

Diese *geistigen Bilder* sind *Anregungen* von höheren Kräften, bzw. Wesenheiten, die ihren Impuls auf die Menschen ausgießt. Diese Wesen sind aus dem *Geist* heraus geboren und die Gedanken sind ihre Strahlen, die sie auf uns hernieder senken.

Haben wir unsere Gedanken abgelegt, und befinden wir uns im göttlichen Geist darinnen, verschmelzen wir mit ihm zu einem kristallklaren und erweiterten Bewusstsein.

Wir sehen Gottes Abglanz, der sich in seiner Liebe verschwenderisch über alles ergießt. Und wir sind ganz darinnen. Flüsse puren Lichtes rinnen zu seinen Füßen, die uns speisen und uns erheben in die Unendlichkeit seines Wesens. Überirdische Klänge reinster Verzückung, die die Herzen in himmlischer Ekstase erzittern lassen, prachtvolle, irisierende Farben und majestätische Formen und Landschaften, die aus seinem Ton entspringen, erglimmen freudig in unserem Wesen und lassen uns von innen herrlich erstrahlen. Wir atmen seine Offenbarung, die uns in Liebe vereint. Und wir werden zu fließendem Fluss puren Lichtes, zu den prachtvoll glänzenden und pulsierenden Farben, die das schönste kosmische Gemälde beschreibt, ihn, den Einen, zu ehren und zu lieben. Wir werden zu der Vielzahl in dem Einen und zu dem Einen, der sich ergossen hat in die Vielheit. Die himmlische Liebe ergießt sich in uns, als eine nie versiegende Quelle reinster Glückseligkeit und wir werden zu unserem Urbild als himmlischer Mensch, wie er *gedacht* war. Wir stehen in Gott zum neuen Leben auf. Wir sind in ihm und er ist in uns, wir sehen mit seinen Augen, hören mit seinen Ohren, vermischen uns mit dem Klang seiner Stimme, der Myriaden an Ideen aus seiner Unergründlichkeit zum Leben empor erhebt. Wir sind eins mit allem und alles ist ein Teil von uns. Wir sind hier kein Ich mehr, denn das haben wir ja abgelegt. Wir haben ein vielfach klareres Bewusstsein und haben an allem Anteil. Wir sind ganz verwoben mit der göttlichen Einheit.

Das ist ein kurzer und schwacher Ansatz unserer ursprünglichen Wurzeln und zugleich unsere letztendliche Bestimmung. Um diese verwirklichen zu können, d.h., uns ganz mit ihm zu vereinen, müssen wir unser Karma, in allen seinen möglichen Varianten, so ausgeschöpft haben, dass wir unser innewohnendes Potential – den göttlichen Geist - freilegen können, durch Ich Überwindung. Wir übergeben uns an *Ihn* und seine Herrlichkeit.

Da wir aber noch genug Karma angesammelt haben, müssen wir erneut inkarnieren, denn nur auf der materiellen Ebene können wir Veränderungen bewirken. Im Jenseits sind keine Veränderungen mehr möglich. Was wir erfahren sind die Wirkungen, bzw. die Frucht des vergangenen Lebens, die uns Gott näher bringt oder uns von ihm entfernen lassen. Wir müssen unser „Erbe" erneut aufnehmen. Es sind die umgewandelten Eigenschaften und Erfahrungen, die wir in der Astralebene zurück gelassen haben: Unser daraus resultierendes zukünftiges Karma. Wir treten die Reise praktisch rückwärts durch die feinstofflichen Ebenen an und aus jeder Ebene (die astrale Ebene ist untergliedert) ziehen wir Konstellationen an, die für unser Karma bedeutsam sind. Wir wählen nach karmischen Kriterien unsere Eltern aus, die unseren psychologischen Mustern am ehesten entsprechen und inkarnieren uns.

Zuvor erhalten wir eine Vorausschau über die wichtigsten Stationen im Leben, die wir passieren; so wie wir in den geistigen Ebenen eine Rückschau auf unsere vergangenen Inkarnationen erhalten haben. Dieses Wissen ist unter bestimmten Gegebenheiten und entsprechender Reife abrufbar. Sobald

wir in die Erdebene eintreten, verdunkelt sich unser allum-
fassendes Wissen allmählich, denn die Materie weist eine
niedere Schwingungszahl auf als die geistige Welt. Und weil
wir uns dem anpassen müssen, um neue Erfahrungen zu
sammeln, treten wir in den Mutterschoß mit zunehmender
Unbewusstheit ein und ein neuer Kreislauf beginnt.

Liebe

Liebe ist ein Meer voller Träume.
Ein heller Strahl mitten im Dunkeln,
dessen lieblichem Licht ich folge.
ein Traum unendlicher Süße,
Die Luft, die ich atme,
meine Brust voll funkelnder Sterne.

In der Liebe spiegelt sich unsere Ursehnsucht wider, die Sehnsucht nach der verlorenen Einheit mit Gott. In uns wurde ein Funken der göttlichen Liebe gesenkt, der aufkeimt, wenn wir durch Liebe lernen unsere innere Getrenntheit zu überwinden und uns mit dem anderen zu verbinden.

In der Vereinigung mit einem anderen Menschen können wir unser Ich vorübergehend ganz auflösen und vollkommen aufgehen in der Verzückung eines schöpferischen Aktes. Dies ist ein schwacher Abglanz mit der göttlichen Ekstase, den man sich aber nicht sexuell vorzustellen hat, es ist das, was Sie verwandelt: Sie gehen für einen Moment vollkommen in dem anderen auf, Ihre ganzen Konzeptionen und Begrenzungen eines irdischen Ichs sind glatt durchschnitten. Sie transformieren sich für eine kurze, kostbare Zeit und erhaschen jene Dimension, die die totale Vereinigung mit Gott darstellt. Sie geben sich ganz und gar hin, mit jeder Faser, die Sie ausmacht. Ihr Bewusstsein von dieser Welt löst sich auf. Sie werden zum reinen Gefühl, werden zur Verzückung, die jede Zelle in Ihnen durchdringt und Sie in eine Ebene hinaus katapultiert, die nicht von dieser Welt ist, in der Sie den göttlichen Abglanz ein wenig erhaschen. Das erreichen Sie, wenn Sie in Gott vollkommen aufgehen, indem Sie Ihr Ich Ihm ganz hingeben, mit allem was Sie ausmacht. Sie verlieren sich und gewinnen voll dazu. Diese grundlegende Transformation können wir durch die Hinwendung an den anderen erfahren und durch Spiritualität.

Der höhere Sinn einer Vereinigung wird aber oft nicht erfasst und verkommt als reine Triebbefriedigung zur Erhöhung des Ichs. Es ist aber ein schöpferischer und transformatorischer Akt, denn aus der Vereinigung entsteht Leben, so wie wir durch Vereinigung mit Gott zum neuen Leben auferstehen werden. *Das ist der höhere Sinn einer Vereinigung, in der die Polarität kurz unterbrochen wird, weil beide Partner zusammen verschmelzen, durch vollkommene Hingabe an etwas, das größer ist als sie.*

Die damaligen Menschen missbrauchten ihre Liebesfähigkeit, um sich nicht nur selbst zu erhöhen, so wie es heute noch oft der Fall ist, sondern jene Schöpferkräfte aus der höheren Dimension anzuzapfen, um sie für sich selbst zu nutzen. Die Liebe wurde zum Selbstzweck, das war aber nicht der Sinn. Damals war das Mitgefühl unter den Menschen wenig entwickelt. Es kam erst viel später zu uns Menschen durch Christus.

Der damalige Mensch handelte immer mehr *an seiner Bestimmung vorbei* und die disharmonischen und zerstörerischen Kräfte zogen in ihm ein und bewirkten wieder ein Ungleichgewicht im kosmischen Plan, denn die Entwicklung des Menschen hängt auch mit dem Gesamtgeschehen zusammen, weil alles miteinander verbunden ist wie ein gigantisches Netzwerk.

Durch das Christusereignis wurde zum großen Teil die unheilvolle Kraft assimiliert, die aber nur Hellsichtige wahrnehmen konnten. Christus ebnete durch ihn selbst, durch seine spirituelle Kraft, die er der Welt hinterließ, einen Weg zu Gott zurück. Es ist der göttliche Funke im Herzen der Menschen, der durch die Christusliebe entzündet wird. Die Liebe bekam damit eine erweiternde Dimension - sie wurde zu Mitgefühl, denn das war zu der damaligen Zeit wenig entwickelt. Geben, ohne zu verlangen, ohne zu urteilen. Sich dem anderen, wie auch Christus, hingeben zu können, ohne jeglichen Eigennutz. Eine vollkommene selbstlose Liebe, wie im besten Fall eine Mutter gegenüber ihrem Kind empfindet, oder ein tief Gläubiger gegenüber Gott. Eine bedingungslose Liebe, die alle Wesen urteilfrei als Wesen Gottes annimmt, denn wir sind alle derselben Quelle entsprungen und teilen das gleiche Schicksal, Mensch oder Tier zu sein.

Wenn jemand mitleidslos ist, der kann auch Gott in seinem Innern nicht erkennen, der durch Liebe zu ihm spricht. Nicht durch Strafe, Härte, Verurteilen oder Unterdrückung, denn dies entspringt einer ganz anderen Quelle, die uns von ihm wegführt. Liebe macht alles gut, denn sie wurzelt in der Liebe Gottes; sie ist aus ihm entsprungen. Und sie ist unsere innere Quelle, die nie versiegen wird, weil wir in Gottes Gnade stehen. Deswegen gibt er uns die Chance immer wiederzukehren, um an uns zu arbeiten und uns weiterzuentwickeln, um letztendlich einen Weg zurück nach Hause zu finden. Es ist der einstige himmlische Zustand, den wir eigentlich in unserer Sehnsucht nach Liebe spüren. Und wir werden durch Liebe auch geheilt. Das Böse weicht vor der Gottesliebe zurück, denn sie ist eine unermesslich starke Kraft.

Wir wurden als Dualseelen geschaffen, damit wir durch Hingabe an den anderen zu einem *Ganzen* werden. Sowie wir ein *Ganzes* werden mit Gott, wenn wir am Ende unserer Reise mit ihm verschmelzen, dann erstehen wir neu auf. Unsere Liebesfähigkeit und die Sehnsucht nach Liebe - dort wirkt Gott im Inneren. Denn es ist eine unbewusste Sehnsucht nach der Vereinigung mit Gott, den wir in der irdischen Liebe erleben - sozusagen im Kleinformat, weil Liebe uns von Grund auf wandeln kann. Das schafft nur die Liebe.

Liebe heißt unsere Ziel im Leben, es kommt auf die Liebe an.

Wie man sprichwörtlich sagt *im 7. Himmel sein*, gibt tatsächlich Auskunft über unsere Wurzel als himmlischer Mensch, der nach Dante den 7. Himmel als die *höchste Glückseligkeit* beschrieb. Nach ihm besteht die Läuterungssphäre aus 7 Schweregraden, sowie die himmlischen Ebenen aus 7 Stufen bestehen, die die Seele erklimmen und die 7 wird von Vollendung Gottes Werkes angesehen. Sie hat eine Beziehung zu unseren 7 persönlichen Planeten, die auf den höheren Sinn der Verwirklichung des Planes Gottes hinweisen, und die die Astralebenen (Läuterungssphäre) durchwirken. Nach Rudolf Steiner gibt es 7 große Menschheitsepochen, der jetzige Mensch steht in der Fünften, an der Grenze zur Sechsten, dass nach Vollendung die Menschheit so weit entwickelt sein wird, dass sie wieder in den Urgrund aller Dinge eingeht. Der Mensch erneuert sich alle 7 Jahre und es gibt 7 wichtige Stadien, die ein Mensch in seinem Leben durchschreitet: Geburt, Kind, Jungendlicher, junger Erwachsener, älterer Erwachsener, Alter und Tod. Wenn wir also verliebt sind und uns wie im 7. Himmel fühlen, können wir erahnen, wie sich der himmlische Mensch (ohne die sexuelle Erregung, sondern die Erhöhung) in seinem ursprünglichen Zustand empfunden hat.

Fehlt aber Liebe in unserem Leben, fühlen wir uns nicht vollständig, nicht ganz. Uns fehlt etwas ganz Entscheidendes, unsere andere *Hälfte*, mit der wir uns verbinden können, denn wir sind alle Dualseelen. Ein Mensch ohne Liebe verkümmert innerlich, dadurch kann er selbstbezogen werden. Seine Ich Kräfte werden verstärkt, während die Ich Kräfte in der Liebe transzendiert werden. Oft ist die Liebe eine Bestimmung, eine Fügung in unserem Leben, die auch karmisch bedingt sein kann, wie man es oft bei schwierigen Beziehungen vorfindet.

Viele Seelen, die in einer Vorinkarnation miteinander verbunden waren, begegnen sich erneut, denn die Bande durch Liebe, wie auch Hass, kann die Seelen wieder zusammen führen, oft unter anderen Konstellationen: Als Familienmitglied, als Partner oder Freunde. Die Seelen wurden als Dualseelen erschaffen, denn in ihnen wirkt die schöpferische Polarität, die sich durch ihre Ergänzung des anderen vollständig umfasst. Und wir finden zu unserer Vollständigkeit, wenn wir uns durch einen anderen oder Spiritualität transzendieren können. So erhaschen wir jene Dimension, aus der wir einst stammen. Wir sind aus Liebe entstanden.

Eine falsch verstandene Liebe ist, sobald Ihr Ich danach greift. Es sind unsere Wünsche, Erwartungen, Ängste, unterdrückte Wesenanteile, sogar auch Aggressionen, die wir auf den anderen projizieren. *Oft geschieht dies unbewusst und Enttäuschungen sind dabei manchmal nicht vermeidbar.* Dieses innere Bild, das wir von der Liebe haben, ist romantisch und entspricht oft nicht der Wirklichkeit. Man nennt dieses innere Bild Animus (bei der Frau) und Anima (beim Mann) Diese *Muster* übertragen wir unbewusst auf unseren Partner. Sie entstehen sowohl aus alten Konditionierungen, als auch evolutionsgeschichtlich.

Aus der Evolution haben wir ein Bild des potentiellen Partners, der für Nachwuchs sorgt und scannen den neuen Partner unbewusst ab, ob er als möglicher Fortpflanzungspartner in Frage kommt. Unsere Kriterien sind auf uns selbst zugeschnitten, mit wem wir am besten *genetisch zusammen* passen.

Aus der Konditionierung haben wir ein ideales Vaterbild/ Mutterbild, das wir auf unseren neuen Partner übertragen. Dabei ist ausschlaggebend, wie wir unsere Familie in der Kindheit erlebt haben. Das ist mitunter der Grund, warum wir immer an den gleichen Typ geraten. Zum anderen ist es auch unser Karma, wer unseren Weg im Leben kreuzt, mit dem wir oft eine Aufgabe zu erfüllen haben.

Es geht auch um Selbsterkenntnis durch den anderen, denn das Ich spiegelt sich im Du. Wir können uns ohne unseren Partner, alltägliche Beziehung und unsere Umwelt nicht selbst erkennen – nur der Austausch mit anderen ermöglicht uns Weiterentwicklung.

Es geht um Symbiose und Selbsterkenntnis in der Liebe und es ist wichtigste Thema im Leben, das worauf es ankommt: Nämlich zu lieben und geliebt zu werden. Wer wünscht sich das nicht? Wie viel Gutes daraus erwachsen kann... Sie ist unser aller Wurzel, unser Weg und unser Ziel. Letztendlich streben wir alle danach.

Menschen, die liebesunfähig sind, sind in ihrem Herzen erhärtet und sie trennen sich selbst vom Guten ab. Sie entgleiten Gott, wie sich selbst, und ziehen Böses an, indem sie es tun. Da aber alles zum Sender wieder zurück kommt, müssen sie bedingt dadurch Leid erfahren. Denn das Leid fügen sie nicht nur anderen zu, sondern auch sich selbst. Irgendwann werden sie ihre Taten ernten müssen.

Aber Gott gibt keine Seele so schnell auf, denn Gott ist Liebe, wenn er auch nach dem Tod zu Gericht sitzt und die Seele durch leidvolle Zustände gehen muss, ist es dennoch ein Akt der Liebe. Denn dadurch erhält die Seele die Möglichkeit, die Wirkung ihrer Taten an sich selbst zu erleben und somit zu reinigen. So ebnet Gott der Seele den Weg zum Guten hinzuschlagen, denn Leid wie Liebe wandelt das Wesen von Grund auf. Auch wenn es uns hart trifft, wir es nicht verstehen können, verzweifelt sind – es ist alles ein Liebesakt. Wir erkennen erst im Nachhinein welch wirksame, heilsame Wandlung vor sich gegangen ist. Auch im Leben durchlaufen wir Reinigungsprozesse, immer zum Guten hin. Es sei denn wir lehnen Verantwortung ab. Viel später erst erkennen wir den Sinn in allem. Wir bereiten uns auf die Liebe vor. Wir legen Begierden, falsche Vorstellungen und Verhaltensweisen ab, um in den geheiligten Bereich der Liebe einzutreten, in der Gott uns einlädt, wenn wir soweit sind.

Den Himmel auf die Erde bringen

Wenn wir inkarnieren, wird das kosmische Wissen, das uns zuteil wurde, wieder gelöscht, damit wir neue Lebenserfahrungen sammeln können, die unserer seelischen Entwicklung entsprechen. Es liegt ein guter Grund darin, denn auf der materiellen Ebene herrscht eine andere Schwingung als in der geistigen Welt.

Die Materie ist eine verdichtete Form von Energie, *der Idee*, und wir selbst sind mit einem bestimmten Pensum an Lebensenergie ausgestattet, die an die Materie und unserem Karma angepasst wurde. Je fortschreitender die Lebensform, desto feiner wird der Verdichtungsgrad, d.h., umso höher die Schwingung. So haben Steine eine sehr langsame Schwingungszahl und der *erwachte Mensch* die höchste.

Die geistige Welt hat eine sehr hohe Strahlung bzw. *Schwingung*, die man als geistiges oder göttliches Feuer bezeichnen kann. Würde der Mensch dem völlig unvorbereitet ausgesetzt sein, würde es ihn vernichten. Er muss durch seine fortschreitende Reife dem *angepasst* werden. Seine Schwingung muss der geistigen Schwingung adäquat sein. Das wird der Mensch sein, je weiter er spirituell voranschreitet. Seine Begierden und starren Konzeptionen sind es oft, die dies verhindern. Sie müssen ausgelöscht sein, bzw. in höhere Anlagen entwickelt werden. Im Tod werden wir der geistigen Schwingung angepasst, indem wir alles Gröbere unseres Wesens in der Astralebene abgelegt haben und vergeistigt werden.

Erfahren wir im Tod, und in den geistigen Ebenen, das ganze Gemälde der Schöpfung, können wir im Leben nur einen Ausschnitt davon erahnen, durch Inspiration, Erkenntnisfähigkeit, Liebe und Spiritualität. Und somit nehmen wir auch nur einen kleinen Ausschnitt vom Leben wahr, nämlich, was unsere karmische Wahrnehmung zulässt. Unsere Erfahrungswerte, die wir über sehr viele Inkarnationen hinweg sammeln, und in höhere Anlagen transformieren, sind wie einzelne Puzzleteile, die sich ineinander fügen. So erweitern wir unsere Sicht und unsere Wahrnehmung wird immer differenzierter, immer plastischer, bis sie sich letztendlich zu einem Gesamtbild formt, das unsere eigentliche, göttliche Natur hindurch scheinen lässt.

Um uns als *Ganzes* zu umfassen, gehen wir durch mehr oder weniger alle Erfahrungen, die unserer Reife entsprechen, denn Sie sollen einmal ein Meister der Welt werden. Das können Sie nur, wenn sie sich über die Inkarnationen hinweg durch möglichst viele Erfahrungsmöglichkeiten hindurch gearbeitet haben. Des Menschen Niedergang in die Materie ermöglichte ihm die Erkenntnis über sich selbst. Und der Wiederaufstieg lässt ihn erkennen, was dieses Selbst ist - eine illusorischer Traum hinter seiner Ewigkeit als himmlischer Mensch.

Wir sind alle auf einer Reise und machen die unterschiedlichen Stationen unseres Lebens durch und erfahren so ein komplexeres Bild von uns selbst und wer wir sind, was uns letztendlich unserem Ziel näher bringt. Wir *schwingen* ihm sozusagen entgegen, stimmen uns in die geistige Frequenz ein.

Und uns umschließt ein Ganzes in einer unendlichen Umarmung eines schöpferischen Atems, der alle Wesen durchströmt. Denn der geheiligte Atem wurde uns eingehaucht. Ich atme, also bin ich - so stehe ich auch in Gottes Atem, der

Myriaden ausgeströmt hat als ein Gemälde seiner unendlichen Liebe, das die schönsten und schillernsten Farben der Seelen malt, die der kosmische Urgrund je errungen, den die Sibyllen je besungen und die Mysterien je erkoren haben. Und des Dichters Herz beschreibt einen Schmerz, der nicht von dieser Welt ist. Es ist die Traurigkeit himmlischer Heerscharen, die die Flüsse speist, die uns in der Inspiration entgegen fließen. Benetze deine Lippen mit diesem Nektar und du wirst wissen, dass nichts so ist, wie es scheint. Ist alles, was wir sehen, oder meinen zu sehen, nicht ein Bild von traumgleicher Wirklichkeit? Wir leben von Augenblick zu Augenblick, selbst wenn Sie das hier lesen, ist es bald vergangen und wird uns am Ende wie ein lebendiger Traum vorkommen, wie all unsere Erinnerungen.

Wie ein Schleiertanz verführt uns die hohe Kunst der illusorischen Welt. Welch magische Frucht sie uns darbietet, dessen Blüte so schwarz und undurchdringbar uns vom Lichte schneide und der Riss in unserer Seele die Ganzheit in tausend Stücke teilt. Und in jedem Stück ein kleines Licht erglimmt, das seine Arme nach uns ausstreckt – *Erinnerung*. Erinnerung, woraus du entronnen, deines Vaters Haus verlassend. Hinaus ins Unbekannte geschleudert, auf den Spuren deines Verhängnisses wandernd, wie ein Blinder, dessen Auge geblendet wurde von einem König, der sich hoch erhob über den Horizont und seine Krone der Vergänglichkeit aufsetzte – sein Ich.

Wenn wir sterben, legen wir auch diese Krone wieder ab. Wir streifen uns die enge Haut unserer Subjektivität ab und verlieren uns, aber wir gewinnen das Universum in einem glitzernden Wassertropfen, der Gottes Stirn ziert. Wir haben nur *vergessen* und werden uns wieder erinnern. Und damit löst sich die Polarität auf und setzt sein innewohnendes Potential frei – ein Geheimnis, das dir dann und wann zu raunt, den Himmel auf die Erde zu bringen: Erkenne dich selbst, so lange du auf der dunklen Erde wanderst, dann wird der Tag zur Nacht und die Nacht zum Tag in einem einzigen Augenblick. Die Elemente lösen sich ineinander auf und setzten den Geist frei gleich einem schillernden Schmetterlings der in seinem Jungfernflug in ungeahnte Höhen aufsteigt und mit seinen Schmetterlingsflügeln himmlische Harfen berührt, deren Klang das ganze Universum erleuchten lässt. *Selbst du wirst zu einer Note in einem Meer gewaltiger und erhabener Klänge der schöpferischen Liebe, die sich in dir ergießt und dich in ihrer Unendlichkeit sanft umarmt als einen Geliebten, der heimgekehrt ist. Der Schlüssel liegt in dir selbst verborgen, doch wird er von einem Hüter bewacht, dessen Anblick wahre Schrecken bereitet,* denn du blickst in dein eigenes Angesicht, in deinen Schatten unergründlicher Tiefe. Es ist der Hüter der Schwelle (benannt nach Rudolf Steiner).

Als wir den himmlischen Sphären entstiegen sind, und uns auf eine äonenlange Pilgerschaft bis in die unteren Ebenen der Materie bahnten, blieb ein Teil von uns in sphärischen Ebenen erhalten: Rein, makellos und von jeglichen Greifen befreit. Es ist die der höhere Anteil von uns: Das lichte, göttliche Bewusstsein, das in unserem höheren Vermögen in uns wirkt. Alles Gute in uns, wird von ihm angeregt. Es ist der Funken in unserem Herzen, durch das die Liebe strömt. Dieses lichte Wesen sieht man nicht und hört man nicht, wenn man nicht über die entsprechende Reife verfügt, aber man fühlt es in *seinem* Herzen. Eine Hoffnung, die eine Brücke von einem Leben zum anderen schlägt.

Und je weiter der Mensch in seiner Entwicklung voran schreitet, desto lichter wird sein Bewusstsein - sein inneres, göttliches Selbst, das durch Illusionen und Ich Sucht zugeschüttet lag, scheint hindurch. Wenn der Mensch sich mit seinem lichten Bewusstsein vereint, fällt die Dunkelheit wie ein Kartenhaus über ihm zusammen und er steht sodann darinnen, nicht mehr von dieser Welt, sondern in der funkelnden Klarheit einer majestätischen Erhabenheit der Anwesenheit vollkommenen Geistes, der ihn immer umringt hat. Aber er konnte ihn nicht erkennen, weil er von sich selbst geblendet war und seine Projektionen für die Wirklichkeit hielt.

Auf dieser Stufe seiner spirituellen Wiedergeburt stellt sich ihm etwas entgegen, aus Urtiefen empor stampfend, das ihn buchstäblich verfolgt wie einen Schatten. Durch Jahrhunderte, durch Jahrtausende hinweg. Groß und mächtig, schrecklich und von eigenartiger Suggestivkraft, die einen bis auf den Grund der Seele erschüttert. So steht er da, an der Schwelle zur geistigen Welt. Und wie ein Hüter bewacht er die himmlischen Pforten. Nur der, dem es gelingt, ihn zu ertragen und in seinen eigenen Abgrund zu blicken, darf passieren. Überwinde dich selbst ist wörtlich zu nehmen und keine leere Floskel.

Alles, was wir über viele Inkarnationen hinweg in Ungleichgewicht gebracht, also negative Taten und Gesinnung, sind gleichsam in ihm eingeflossen. All die Untaten sind hart und verzerrt in ihm eingetragen und es beschämt die Seele ihrer ganzen Verfehlungen gegenüber zu stehen, dass sie es nur schwer ertragen kann. Und der Hüter prüft die Seele sprichwörtlich auf Mark und Bein. Bis in den tiefsten Grund seiner Seele holt er alles herauf, was wir verdrängen, wovor wir Angst haben, was uns beschämt. Man blickt in sein eigenes Spiegelbild, kann man den Anblick ertragen, was man dort zu sehen bekommt? Hat die Seele ihre Verführbarkeit und Wankelmut überwunden? Ist sie fest geerdet durch Hingabe und Selbstlosigkeit an ihr göttliches Selbst? Hat sie die Sucht nach einem alles abtrennenden Ich überwunden? Ist sie bereit all ihr Karma mutig abzutragen, dass sie sich mit Gott vereinen kann? Diese Fragen richtet der Hüter der Schwelle an den, der nach einer gewissen geistigen Reife an ihn heran tritt. Er ist eine spirituelle Prüfung, denn es ist nicht ungefährlich, sich unvorbereitet den geistigen Dimensionen zu nähern, weil es astralische Wesen gibt, die man als dämonisch bezeichnen kann und die sich dann an den Astralleib des Menschen heften können. Dämonisch, weil es satanische Kräfte gibt, die versuchen unsere Selbstsucht zu bestärken, uns zu Taten hinreißen lassen, die wir bereuen, ja die versuchen den Mensch vom Guten abzubringen. Sie haben Interesse daran, den Menschen in Unwissenheit zu lassen und stellen sich ihm in den Weg, wenn er spirituell immer weiter voran schreitet. Auf der materiellen Ebene genießt man einen gewissen Schutz davor, weil unsere Schwingungen an der Erdenkraft angepasst sind. Der Körper und die Aura bilden dadurch ein Schutzschild. Je weiter man sich vorwagt, desto offener wird man für die Schwingungen der geistigen Welt.

Wenn wir aber dem gegenüber unvorbereitet sind, das heißt, unsere eigenen Schattenseiten und Projektionen nicht erkennen, und somit nicht transformieren können, sind wir nicht mit genug Kraft und Reife ausgestattet unserem Schattenbild zu begegnen. Genau wie ein Kind nicht lesen und schreiben kann, wenn es nicht lernt sich mit dem vertraut zu machen, genauso wenig können wir die geistigen Dimensionen verstehen, wenn wir nicht lernen die Botschaften, Bilder und Zeichen zu deuten und sie von unseren eigenen Projektionen zu unterscheiden. Erkennt man, gemäß seiner spirituellen Reife und Vorbereitung, in dem Hüter der Schwelle sich selbst wieder, offenbart er sein wahres Gesicht – es ist das eigene göttliche Selbst, das dahinter verborgen liegt, ja zugeschüttet von ihm liegt. Und wenn der Mensch sich selbst befreit, befreit er ein Stück weit auch die Menschen, die sich auf den Weg gemacht haben. Denn er setzt durch seine Initiation in den geistigen Ebenen einen Impuls frei, der wie durch ein

Netzwerk hindurch zur Gesamtheit beiträgt. Der göttliche Geist verbindet alle Wesen, und jedes Wesen kann dadurch entsprechende Impulse empfangen, wenn es auf die *Schwingung* eingestimmt ist.

Der Mensch erlöst damit einen Teil des Erbes, das die Menschheit verbindet: Das *Begehren* nach den Offenbarungen, das ihn in das Feld der Polarität ausschleuderte. Wenn er sein *inneres Ringen*, mit all seinen Projektionen und widerstreitenden Elementen durch Liebe auflöst, setzt er seinen göttlichen Geist frei. Denn in seinem Innern spielt die Tragödie um Gut und Böse dramatische Folgen für sein Leben und des Lebens im Allgemeinen.

Wenn sich alle Bedingtheiten in der Mitte auflösen, löst sich die ganze Matrix, die das Leben so unendlich vervielfältigt und damit auch durch den Menschen entstandene Kräfte und Wesenheiten. Das wird nach einem langen Zeitraum eintreten, wenn sich der Mensch soweit vergeistigt hat, dass er die Materie überwindet. Noch sind wir aber zu unbewusst, obgleich wir ahnen, ja erhaschen was unser Ziel hier auf Erden ist: Den Himmel auf die Erde zu bringen.

Wie Karma wirkt

„Und so stehen sie sich gegenüber,
zwei gegensätzliche Kräfte,
manifestiert in menschlicher Form.
Und die Leidenschaft lodert ihr Feuer wie wild empor,
trübt den Verstand,
fasziniert den Geist,
der ewiglich auf der Suche war,
nach Götterfunken."

Bei unserer Inkarnation wählen wir die Eltern, die unserem Karma am ehesten entsprechen, aus. Haben wir auf unsere vergangenen Inkarnationen zurück geblickt, blicken wir auch auf unsere zukünftigen. Es wird uns gezeigt, worauf es in diesem Leben ankommt. Die wichtigsten Stationen werden dargelegt; es ist unsere Aufgabe, mit der wir in dieses Leben gesandt werden. Diese Aufgabe ist von Mensch zu Mensch verschieden und zielt darauf ab, unseren Sinn, warum wir hier auf Erden sind, gerecht zu werden.

Wenn wir nun in die Welt geboren werden, bei Eltern, mit denen uns ein Karma verbindet, oder die wir für unsere Entwicklung brauchen, durchlaufen wir die Phase der Ich Werdung und später der Selbstfindung.

Das Ich wird im Wesentlichen durch unsere Erziehung geformt, aber unseren Wesenkern, den bekommen wir auf unserer Inkarnation mit. Dieser Wesenkern muss sich erst nach und nach entfalten und unsere Aufgabe u. a. besteht darin, das Möglichste dafür zu tun, unser innewohnendes Potential frei zu legen, denn es ist das, was uns letztendlich glücklich macht. Wenn wir unsere Familien dann verlassen, haben wir sozusagen das „Rüstzeug", um in der Welt eine Basis zu schaffen, von der aus wir dem Leben begegnen.

Die Umgebung der Kindheit und Jugendzeit spiegelt großteils die Wirkungen unserer Taten und Wesensmerkmale aus den Vorinkarnationen wider. Es kann auch eine Familie ohne karmischen Bezug sein, in der wir etwas mitbekommen, was für unsere Lebensaufgabe von Relevanz ist.

Schon bei der Geburt wird die karmische Verbindung hergestellt. Hatten wir eine schwere Geburt mit Komplikationen, dann war unser Sterben im Vorleben geradezu dramatisch und wir sind schwer gestorben. Sind wir durch eine schwere Krankheit gestorben, kann diese wieder in der frühen Kindheit auftreten. Denn was wir zunächst erfahren, ist simpel gesagt eine straffe Wiederholung der Vorinkarnation. Erst im Laufe des Erwachsenenlebens legen wir nach und nach diese karmischen Einflüsse ab. Wir wachsen aus unseren alten Konditionierungen heraus, indem wir durch Selbstfindung und neue Erfahrungen eine Identität schaffen, die unserem Wesen mehr entspricht. Waren wir zuerst von den Wirkungen des Karmas beeinflusst, wandeln wir später einen Teil davon um, indem wir uns durch unsere Erfahrungen neu definieren. Der Wesenskern aber bleibt erhalten. Aus einem ruhigen Typ kann man kein Haudegen machen, er bleibt so wie er in seinem Wesen ist. Eine kurze karmische Autobiografie soll veranschaulichen wie Karma wirkt.

Todesmoment im Jahre 1740: Zwei befreundete Männer spazieren durch einen großen Wald. Einer wird von dem anderen in einen Hinterhalt gelockt, in dem seine Mörder warten.

Mit Schlägen auf den Kopf, vom schweren Holzwerk, wird er zu Tode geprügelt. Er fleht seinen Freund um Hilfe an, doch dieser ist von eigenartiger Gelassenheit und greift nicht ein. Im Todesmoment weiß dieser, dass ihn sein Freund verraten hat. Es ging um Geld.

Im nächsten Leben leidet er unter Migräneattacken und es ist ihm unheimlich allein durch einen Wald zu streifen. Er schriftstellert, interessiert sich nach dem Woher und Warum der Dinge, was er nicht beantworten kann. Der Schriftsteller ist ein Genussmensch und liebt seine Reisen. Eine unerfüllte Liebe (er wird zurück gewiesen) bricht sein Herz.

Als er älter geworden ist, wird er durch Krankheit bettlägerig. Lange muss der Schriftsteller so zubringen und kann seine Liebe zu Natur und Reisen nicht mehr kultivieren. Er hungert nach einem ausgelassenen Leben, ist zermürbt über seinen Zustand ans Bett gefesselt zu sein. Er lernt eine Frau kennen und in ihm flammt Liebe und große Leidenschaft für sie auf. Auch diese kann er nicht befriedigen und entwickelt ein unstillbares Verlangen nach Leben, Liebe und Leidenschaft. Der Schriftsteller stirbt in dieser vorherrschenden Bewusstseinshaltung. Im nächsten Leben wird er als Mädchen in eine wohlhabende Familie hinein geboren.

Das Mädchen hat ein ähnliches Aussehen wie die einst begehrte Frau, denn wir werden, was wir begehren. Sie ist von Geburt an gehbehindert und muss im Rollstuhl sitzen. Sie ist untröstlich und es entbrennt in ihr ein Verlangen nach Leben und Ausgelassenheit. Man liest ihr jeden Wunsch von den Lippen ab, verwöhnt sie und stellt sie in den Mittelpunkt. Sie wird geheilt und entwickelt eine außergewöhnliche Sprachgewandtheit.

Sie wird eitel und egozentrisch, denn in der Kindheit hat man sie ausschließlich verwöhnt, sie durfte alles und bekam alles. Ihre Leidenschaft entwickelt sich schier grenzenlos, aber nichts kann sie auf Dauer wirklich befriedigen. Immer bleibt eine unerklärliche Leere zurück, die sie nicht stillen kann. Sie hat eine Affäre nach der anderen. Wenn sie das Objekt ihrer Begierde verführt hat, lässt sie ihn kalt wieder fallen.

Sie wird Schauspielerin, denn so wie sie im Mittelpunkt der Familie stand, steht sie nun im Rampenlicht und feiert Erfolge. Und dennoch kann sie ihr unstillbares Verlangen nicht sättigen. Sie testet immer weiter ihre Grenzen aus, übt eine suggestive Macht auf Menschen aus, die sie erst mit ihren gewandten Worten verzaubert, um sie im nächsten Moment zu verletzen, weil es sie befriedigt Menschen zu erniedrigen. Es verschafft ihr ein Machtgefühl. Sie fühlt sich omnipotent, ist in sich selbst verliebt, trinkt ständig und unmäßig und wird dann aufbrausend und vernichtend anderen Menschen gegenüber. Sie benutzt den anderen, um sich selbst zu erhöhen, indem sie ihn sinnlich und intellektuell verführt, um ihn dann zu manipulieren. Sie verliert nicht nur ihre Grenzen, sie verliert auch ihre Menschlichkeit. Liebe ist ein Fremdwort für sie.

Weil am Ende aber doch alles unbefriedigend ist, wendet sie sich der Magie zu. Ihre Faszination ist geweckt. Sie erlernt magische Praktiken und setzt sie für selbstsüchtige Zwecke ein, denn sie will ihren Machtdurst stillen. Sie verkommt menschlich gesehen und ihr Vater wendet sich zornig von ihr ab, während die gute Mutter sehr unter dieser Dramatik leidet.

Ihr Tod steht ihr bevor und sie hat eine außersinnliche Wahrnehmung.

Es ist die Nacht einer großen Gala, zu der sie geladen ist. Ihr ist nicht wohl und sie tritt auf die weite, weiße Veranda hinaus mit Blick aufs Meer. In weiter Ferne sieht sie zwei dunkle Gestalten auf sich zukommen. Es ist der Todesbote mit einem Buddha, und in dem Buddha erkennt sie sich selbst wieder.

Der Todesbote und der Buddha unterbreiten ihr die Todesbotschaft, dass es Zeit ist, sie zu holen. Daraufhin legt der Buddha seinen Finger auf die Stelle, wo sich das dritte Auge befindet und sie fühlt sobald einen gewaltigen Sog, der alles Leben aus ihr herauszerrt, dass sie zittert und erbebt vor Angst. Um sie davon abzubringen, fragt sie den Boten des Todes, was mit ihr nach dem Tod geschieht. Er geht tatsächlich darauf ein und der Buddha lässt Hand von ihr. Der Todesbote erklärt ihr folgendes: „Im Tod wird im Spiegel deines Angesichts ein Urteil über dich gefällt. Alles, was du im Guten wie im Schlechten verübt hast, wird leibhaftig vor dich treten und Gewalt auf dich ausüben. Du wirst leiden müssen, unerträgliche Qualen erdulden, bis zur äußersten Grenze." Sie sieht vor ihrem inneren Auge, wie sie von schrecklichen Kreaturen gefoltert wird.

Sie wird von Panik erfasst und versucht mit magischen Praktiken den Tod zu umgehen. Aber den Tod kann man nicht überlisten. Sie stirbt an einer Lungenkrankheit. Im nächsten Leben wird sie in einer Alkoholikerfamilie geboren.

Als Baby bekommt sie wiederholt schwere Bronchitis mit Erstickungsanfällen. Ihre Mutter hat ein asoziales Benehmen und pflegt eine solche Artikulation. Sie stürzt das Baby zu Boden, dass es sich den Kopf aufschlägt. Die Mutter trinkt unmäßig, rastet aus und macht das Kind verbal und emotional nieder. Sie bricht ihr den Willen. Gleichzeitig erdrückt sie es mit ihrer fordernden und Besitz ergreifenden Liebe und redet ihr unablässig Schuld ein, dass das Mädchen das Gefühl bekommt schlecht zu sein. Sie wird von der Familie ausgeschlossen. Schwester und Mutter beachten Sie auf der einen Seite nicht, auf der anderen Seite erdrückt die Mutter das Kind und das Kind wird die Projektionsfläche all ihres Unmuts. Das Mädchen wird dadurch zunehmend introvertierter und verunsicherter. Sie wird von der Mutter negativ manipuliert, muss ihren Zorn und Unmut, wie eine um sich schlagende Welle, über sich ergehen lassen, denn ihre Mutter ist oft jähzornig bis hasserfüllt, das sie an dem Kind abreagiert. Sie unterdrückt das Mädchen und auch als junge Frau. Der Vater verschwindet.

Das Mädchen entwickelt sich zu einem scheuen und angstvollen Menschen, der in der Schule zum Außenseiter wird. Sie kann sich nicht mitteilen, hat eine Kommunikations- und Kontaktstörung, die sie noch lange begleiten wird. Sie wird älter und hat erste, außersinnliche Wahrnehmungen. Sie sieht in die geistige Welt und begegnet dem Hüter der Schwelle.

Schließlich verlässt sie früh das Elternhaus und stürzt ins Chaos zwischen Alkohol, Drogen, ärmlichen und Konflikt beladenen Umständen. Misserfolge pflastern ihren Weg. Sie unterliegt dem unbewussten Zwang, alles tun zu müssen, was andere von ihr wollen und schadet sich selbst damit. Erneut hat sie geistige Erlebnisse: Sie erlebt einen Astralaustritt und erinnert sich bruchstückhaft an ihre vergangenen Inkarnationen.

Depressionen, Alkoholexzesse, Drogen und Zwangshandlungen wechseln sich ab. Die Mutterkonflikte schrauben sich so hoch, dass sie kurz vor einem Selbstmord steht. Sie kommt schließlich in die Psychiatrie. Von hier an ändert sich ihr Leben grundlegend.

Sie beginnt allmählich ihre Probleme und ihr Leben durch Liebe zu verstehen. Ihr neuer, sensibler Partner hilft ihr dabei sich selbst zu spiegeln. Da sie sich vor anderen Menschen nicht darstellen kann, fängt sie an zu schreiben (Vorinkarnation als Schriftsteller). Die Mutter vollzieht magische Praktiken, um andere negativ zu manipulieren; sie betet zu Satan.

Sie zahlt der jungen Frau eine Summe Geld aus, um sie zu besitzen, weil sie merkt, wie sie sich ihr immer mehr entzieht.

Die junge Frau trennt sich schließlich von der Urmutter und entwickelt durch ihr eigenes Leid und durch Liebe positive Eigenschaften, indem sie uneigennützig auf andere Menschen eingeht und das Leben, mit all seinen Tiefen und Höhen, in einen höheren Kontext stellt. Sie hat ein neues Selbst definiert und ein Großteil ihres Karmas umgewandelt.

In dieser Beschreibung wird deutlich wie Karma funktioniert und wie die einzelnen Leben miteinander verflochten sind. Der Mann, der seinen Freund wegen Geld verraten und ihm so das Leben verwirkt hat, ist die Mutter in diesem Leben geworden. Der Mordanschlag wird wieder ersichtlich, als die Mutter das Baby zu Boden wirft, so dass es sich den Kopf aufschlägt. Und sie zahlt ihr eine Summe Geld aus, das der Grund für den Mord in der Vorinkarnation war.

Als Baby bekam sie wiederholt schwere Bronchitis mit Erstickungsanfällen und dies spiegelt den Todesmoment der vorhergehenden Inkarnation wider. *Denn so wie wir sterben, in welcher vorherrschenden Bewusstseinshaltung wir waren, tauchen wir im nächsten Leben wieder auf.*

Menschen, mit denen wir einst verbunden waren, treffen wir in einer anderen Konstellation wieder. Viele Beziehungen sind daher karmisch bedingt, ob nun positiv oder negativ, denn die Bande durch Liebe und Hass führt die Seelen erneut wieder zusammen.

Jede Beziehung hat ein eigenes Thema. Entweder geht es darum ein Karma auszugleichen oder darum dass es der Entwicklung beider Partner dient. Wir wachsen innerlich durch Beziehungen, indem wir uns selbst durch den anderen begegnen und erweitern können. Es kann auch um eine gemeinsame Aufgabe gehen. Besonders schwierige Beziehungen sind karmisch bedingt. Da wir normalerweise aber keinen direkten Zugriff über den Sinn einer solchen Beziehung haben, ist es erst möglich an dessen Entwicklung zu reifen. Wenn man wissen würde, was der andere einem angetan hat, würde es in eine unerwünschte und nicht sinngemäße negative Entwicklung gehen, indem wir z. B. Hass anreichern und uns so die Möglichkeit nehmen durch Karma zu reifen und unser „negatives Erbe" in positive Anlagen zu transformieren. Auch wären die Erinnerungen an unsere Vorleben belastend, wenn wir nicht die geistige Reife dazu haben. Wir sollen relativ frei davon unsere Erfahrungen zum Höheren transformieren können und nicht in alte Gewohnheiten zurückfallen, die wir im Vorleben kultivierten.

Die Mutter spiegelt durch ihre psychologische Wesenstruktur die vergangene Persönlichkeit der Schauspielerin wider. Das Kind erlebt nun die Wirkungen, die es verursacht hat, an sich selbst. Durch die oppositionelle Haltung zur Mutter, denn als heranwachsender Mensch gehen wie mehr oder weniger in Opposition, um ein unabhängiges Selbst heran zu bilden, kehrt sich ihr belastendes Erbe um, indem sie durch die Konfrontation ihres „alten Selbsts" ihr Karma reinigt. Die aggressive Wesensstruktur der Mutter bewirkt bei dem Kind eine umsichtige Verhaltensweise, die aus Angst und Schuldgefühlen heraus entsteht.

Meist ist es so, dass wir von der Konditionierung noch überlagert sind, denn wir wenden erst einmal an, was wir kennen. Wenn wir uns weiter entwickeln, legen wir zum großen Teil diese Konditionierungen ab, indem wir neue Erfahrungen machen und Erkenntnisse aus ihnen herausziehen. Wir treffen zunächst auf unser altes Selbst in Beziehungen, besonders die zur Familie, und in aktuellen Umständen wieder. Die Konfrontation mit dem alten Selbst reinigt, wie bereits gesagt, nicht nur das Karma, sondern bewirkt einen

Richtungswechsel, indem sich die Seele durch Erfahrungen neu definiert.

Deutlich wird auch bei dieser Beschreibung wie sich ein Mensch negativ entwickeln kann, indem er seine natürlichen Grenzen verliert. Der Grund für die unersättliche Begierde, die die Schauspielerin nicht stillen konnte, liegt in der Vorinkarnation begründet, weil der Schriftsteller seine Sehnsucht nach Leben, Liebe und Leidenschaft nicht erfüllen konnte, denn er war ans Bett gefesselt und ist in diesem vorherrschenden Gefühlszustand gestorben. Und so wie er im letzten Abschnitt seines Lebens ans Bett gefesselt war, übertrug es sich auf die darauf folgende Inkarnation, indem die Schauspielerin in der Kindheit durch Krankheit zunächst nicht laufen konnte. Und weil sie ihre Sprachgewandtheit missbraucht hat, (die Sprachgewandtheit liegt im Leben als Schriftsteller begründet), muss sie im nächsten Leben unter einer Kommunikations- und Kontaktstörung leiden. Die Mutter schadet dem Kind, dass sich später eine psychische Störung entwickelt. Dies ist wiederum begründet in den schwarzmagischen Praktiken der Schauspielerin.

In einem Leben können gleich mehrere Inkarnationen wirken, denn wir summieren unser Wesen durch die Anzahl der vielen Erfahrungen, die wir über mehrere Leben hinweg gesammelt haben. So sind z.B. Talente ein Ergebnis einer Aneignung, an der wir schon in vielen Leben gearbeitet haben. Und wenn wir ein Talent vollkommen ausgeschöpft haben, haben wir im nächsten Leben keine Veranlagung mehr dazu, denn wir haben ihren Sinn erfüllt.

Genauso kann sich der Mensch auch schlechte Eigenschaften aneignen, die sich irgendwann zu einem Charakterbild formen. Und wiederum gibt es Probleme, die wir von einer Inkarnation in die nächste schleppen, denn ein Problem wird erst dann gelöst, wenn wir bereit sind Verantwortung dafür zu übernehmen. Dazu müssen wir uns mit dem Problem tief-gehender auseinandersetzen, um die Wurzel seiner Entste-hung aufzudecken und damit transformieren zu können.

An dieser Autobiografie wird auch deutlich, wie starke Leidenschaft und Begierde die Seele auf gefährliche Pfade bringen kann, weil es die Selbstsucht unverhältnismäßig ver-stärkt und so das gesunde Maß aller Dinge überschreitet. Das Sprichwort: „Leidenschaft hat die Eigenschaft, die Leiden schafft", kann man wörtlich nehmen. Wenn wir unsere natür-lichen Grenzen verlieren, können wir zum Spielball negativer Kräfte werden, die uns von unserem wahren Weg wegfüh-ren, denn in der Natur und in der geistigen Welt walten gute wie negative Kräfte und Wesenheiten. Wenn der Mensch in die Extreme geht, schafft er ein Ungleichgewicht in der Pola-rität selbst. Diese wird wiederum ins andere Extrem um-schlagen, damit das Gleichgewicht wieder hergestellt werden kann und das bedeutet meist leidvolle Erfahrungen.

Unsere Selbstsucht schafft einen Bruch zu der göttlichen Bestimmung und der Mensch kommt von seinem eigentli-chen Ziel und seiner Aufgabe ab. Nur durch Liebe werden wir heil, und vollziehen aus dieser Grundhaltung Gutes, was uns unserer Bestimmung ein Stück näher bringt. Das Negati-ve hat die Eigenschaft noch mehr Negatives anzuziehen, denn es besitzt starke Kräfte, während das Gute auch kraft-voll aber sanft ist. Formuliert sich der Mensch vorwiegend negativ, verliert er seine Mitte und entfernt sich immer mehr vom Guten. Diese unheilvollen Kräfte entfalten dann ihr gan-zes zerstörerisches Potential. Der Mensch verfügt dann über keinerlei Gewissen mehr, keine moralischen Prinzipien und ethisches Verhalten. Er wird zunehmend böse und gerät be-dingt dadurch ins eigene Verderben. Deshalb sollten wir achtsam sein, welche Gefühle und Grundhaltung wir kulti-vieren, denn in uns schlägt sich das Ringen um Gut und Böse nieder. Wir ziehen mit unserer inneren Grundhaltung und Lebensweise Energien und Wesenheiten an, die fördernd oder zerstörerisch auf uns einwirken. Wir haben es selbst in der Hand, wie wir mit diesen grundlegenden Energien umgehen.

Böse Menschen müssen durch ihr daraus negativ resultierendes Karma im Tod wie im darauf folgenden Leben sehr viel Leid auf sich nehmen. Durch das selbst erfahrene Leid läutern sie nicht nur ihr Karma, sondern werden bedingt dadurch wieder gut, *denn sie lernen durch das eigene Leid u. a. Mitgefühl, Rücksichtsnahme, Bescheidenheit u. s. w.*

Im Buddhismus gelten deswegen Schönheit, Reichtum und Ruhm nicht als Segen, *denn sie können die Quelle aller möglichen Verblendungen eröffnen, so wie dass die Menschen ihre Grenzen verlieren* und sich schlechte Eigenschaften aneignen können, die unweigerlich Leid nach sich ziehen.

Negatives Karma bereinigen.

Nach den Buddhisten ist die Bewusstseinhaltung vor dem Tod ausschlaggebend, wie wir den Tod erleben werden. Sie sagen, wenn unser Geist eine ruhige, heilvolle Ausrichtung im Sterben hat, dann wird diese Geisteshaltung mit hinüber genommen. Diese Haltung kann sogar Karma abmildern. Wichtig ist im Leben nichts, aber auch gar nichts zu verdrängen. Denn, wenn wir Pech haben, und mit unserem eigenen Sterben konfrontiert werden, kommen die ganzen unterdrückten Inhalte wieder hervor – manchmal sogar dramatisch. Diese Grundhaltung werden wir dann in unseren Nachtodzustand mitnehmen. Sicher ist es ein natürlicher Prozess, den wir durchlaufen, um uns auf das Sterben vorzubereiten.

Nach Elisabeth Kübler – Ross durchlaufen wir verschiedene Stadien, die unsere Urinstinkte hervorholen können. Wir können panisch, schizoide, wütend und ohnmächtig sein, um durch dieses Inferno hinweg zu einem Zustand des Loslassens zu gelangen. Wir beginnen unsere eigene Sterblichkeit zu akzeptieren.

Wenn vieles ungelöst im Leben ist, können wir nicht richtig loslassen. Auch wenn wir zu sehr anhaften an Dingen und Menschen, fällt uns das Sterben schwer. Wichtig ist, schon zu Lebzeiten zu seinem inneren Frieden zu gelangen und offene Dinge oder gestörte Beziehungen zu klären. Man muss aufarbeiten und dazu haben wir, solange wir am Leben sind, immer die Möglichkeit. Oft spielt das schlechte Gewissen eine große Rolle.

Wir können nicht alles klären, sondern es hilft, wenn wir lernen zu akzeptieren, wie die Dinge sind, wie die Geschehnisse waren und was andere uns angetan haben zu vergeben. Wir können schon zu Lebzeiten loslassen lernen.

Bei einem schlechten Gewissen, ist es gut sich selbst zu vergeben. Mitunter sind wir zu streng mit uns. Wenn es uns beruhigt, können wir gutes Karma sammeln. Jeden Tag haben wir dazu die Möglichkeit. Säen wir doch gute Taten damit die Soll/Haben Seite auf unserem Karmakonto im Gleichgewicht ist. Eine Tat bleibt eine Tat, die ist unauslöschbar. Aber wir können die Wirkungen deutlich abmildern, wenn wir eine heilvolle Ausrichtung haben und gut sind.

Wie belastend manche Stationen unseres Lebens auch waren, sie hatten auch das Potential sich zum Positiven zu wandeln. Erkennen Sie, wie sie zu Ihrer Weiterentwicklung mit beigetragen haben, Sie sind nicht mehr der gleiche Mensch, der Sie vor 10 oder 15 Jahren waren – Sie haben sich durch Ihre Erfahrungen erweitert, sind weiser und reifer geworden und haben alte Konditionierungen abgelegt. Wir sind in der Schule des Lebens, niemand bekommt mehr aufgebürdet, als er tragen kann. Auch wenn das hart klingen mag, wenn wir unsere Krisen betrachten, gehen wir doch wie ein Phönix aus der Asche hervor. Wir reinigen uns auch dadurch, schaffen altes Karma fort und gehen dadurch neue Wege der Selbsterkenntnis. Wir schaffen heute die Voraussetzungen, die wir morgen als Bedingungen ernten. Karma mag manchmal hart erscheinen, aber es ist auch eine Erziehungsmaßnahme, sich letztendlich immer zum Guten hin zu entwickeln.

Wenn wir Gutes wollen, müssen wir bereit sein auch Gutes zu geben. Sammeln wir doch gutes Karma, dann finden wir auch unseren inneren Frieden. Das ist die beste Voraussetzung, gelassener zu werden und dem Tod gefasster ins Auge zu blicken.

Die Natur der Gefühle und Gedanken

Magie der Liebe

Turmhohe Sturmflut bebender Betörung schlägt seine Wogen über meinen Verstand zusammen. Versinken will ich in dir, wie in einen tiefen, alles verschlingendem Meer voll berauschender Sinnlichkeit. Von dir kosten wie von einer verbotenen Frucht, die mich trunken macht von Verlangen und Hingabe nach dir.

Wenn ich dir in deine unergründlichen Augen blicke, entflammt mein Herz in lichterlohen Flammen. Berührst du mich, erzittere ich an ganzem Leib und Seele und es schleudert mich hinaus in ein Meer voller Emotionen, das mich ganz verschlingt, dass nichts mehr von mir übrig bleibt, außer dir in mir, in der Halle meines Herzens, das wild schlägt wie eine mächtige Posaune, die gewaltig durch das Universum dringt.

Deine Stimme ist die süße Verführung, die mich wie ein unentrinnbarer Strudel in dich hinein zieht, dass ich mit deiner Zunge spreche, mich mit deinem Klang vermische und ergieße verschwenderisch mein Alles in dich hinein.

Ich will dein tiefstes Geheimnis entlocken, dass dein Herz in meinem Herz schlägt, das deine Seele sich in meine ergießt, dass unser Geist in ungeahnte Höhen eines mächtigen Verlangens verschmilzt. Mit allem, was mich ausmacht, mit allem, was dich ausmacht. Ganz und gar in einer vollkommen verschlungenen Umarmung, die selbst die Sterne erfasst.

Die Nacht wird zum Tag und der Tag wird zur Nacht, die Zeit dreht ihre Zeiger nicht. Alles ist eine atemlose Stille. Ich atme dich und du strömst wie Blut durch meine Adern. Und die Sterne fallen vom Himmel und machen die Erde wunderbar.

Ich werde zur Magie der Liebe in deinem Glanze, ein Teil von jener Macht, die das Leben zu einem Mysterium macht. Ich hauche dein Geheimnis aus und verliere mich in deinem betörenden, mich vollkommen umgarnenden Nebel. Wie verhängnisvoll ist Begehren, ich verliere mich an dich und gewinne das Universum, das in deinen Augen liegt."

Die Augen sind das Tor zur Seele, alle Gefühle spiegeln sich in ihnen.

Den besonderen Ausdruck, der in den Augen liegt, übernimmt man von einer Inkarnation zur nächsten. Dieser ändert sich nicht, auch wenn wir unser Geschlecht und Aussehen wie Kleider wechseln. Es liegt etwas Tiefes und Verborgenes darin, ein Geheimnis. Es ist der Schlüssel zu unserer Seele. Wenn man in die Augen sieht, sieht man in die Seele hinein, auch wenn wir es mit unserem Verstand nicht bewusst erfassen.

Dieser Ausdruck in Ihren Augen ist die Art, wie Sie gegenüber der Ganzheit seelisch eingefärbt sind; es gibt Ihnen die besondere „Note". Und wenn wir uns verlieben, verlieben wir uns in die Augen der/des Angebeteten. Wir spüren intuitiv seine/ihre Seele und das Karma, das uns mit ihm/ihr verbindet.

Gefühle sind so vielfältig und verschieden, je nach Art wie unsere Seele tendiert sie zu erzeugen. Sie verleihen uns Ausdruck, sind aber nicht unser eigentliches Wesen. Sie sind wie Strahlen Ihrer Seele, das unendlich facettenreich sein kann. Indem wir unserer Seele Ausdruck verleihen, leben wir in dieser Welt als einzigartiges Individuum. Es ist der kleiner Kosmos in uns selbst und wie wir gegenüber der Ganzheit eingefärbt sind. Jeder Tag ist anders, Erfahrungen, die wir sammeln, sind nicht exakt miteinander identisch und je nachdem welche Situationen und Umstände sich ergeben, regieren wir auf die eine oder andere Weise. Da unsere karmische Wahrnehmung aber begrenzt ist, können wir nur soviel aufnehmen und geben, wie es unsere natürlichen Grenzen zulassen.

Die ganze Komplexität unserer Seele und unseres Geistes können wir daher nicht vollständig erfassen, sondern wenn, dann nach und nach. Und je nach der Art der Erfahrung, denn Sie reagieren unterschiedlich auf Situationen, die von Ihrer aktuellen Gefühlslage abhängig sind. Und es gibt keinen Abschluss darin, sondern immer Weiterentwicklung unseres Wesens oder auch Stagnation. Unser Wesen ist der kleine Kosmos, der keinen Endpunkt hat, sondern sich in seiner ganzen, teils schwer erfassenden Tiefe, an die geistige Dimension anschließt. Unser Bewusstsein gleicht einer kleinen Insel und unser vollständiges Wesen ist wie ein tiefer Ozean, der es umschließt.

Was sind Gefühle in sich selbst? Sie können schöpferisch sowohl auch zerstörerisch sein. In ihnen liegt das Potential, das sich unmittelbar durch unseren Ausdruck verwirklicht. Wie eine Fontäne ergießen Gefühle in uns hinein und aus uns heraus und durchwogen unsere Seele mit Kraft und Magie oder mit Vernichtung. Gefühle sind die Ausrichtungen der Seele.

Wie sind sie entstanden? Sie können Ihre Gefühle wieder auf die zwei grundlegenden Empfindungen reduzieren: Zuneigung und Abneigung. *Der Wille, das Eine zu erlangen und das Andere zu vermeiden, prägt unser Ich.* Und wenn wir weiter zurückgehen, stoßen wir auf unser Erbe, das *Begehren* nach den Offenbarungen. Und die gestalterischen Kräfte hielten Einzug in uns – die Gefühle in ihrer Urform.

Alles war zuvor bildnerisch in die Umwelt ausgegossen, Gefühle nahmen Gestalt an und wirkten wiederum auf uns ein. Dadurch, dass wir tiefer in die Materie eindrängten, zogen sich diese Gefühle im Innern des Menschen zurück. Auch eigene Gedanken existierten nicht, es existierten dafür ursächliche Bilder und Konstrukte. Nur Gott hatte schöpferische Gedanken, die er offenbarte. Und wir sahen in seinen Gedanken, sahen die Offenbarungen, die er ausgoss in unendliche Welten. Unsere Form des Denkens fand zu einem späteren Zeitpunkt statt, als wir immer grobstofflicher wurden.

In den Gefühlen liegt etwas Wesenhaftes, weil sie schöpferisch sind, während die Gedanken Formen des Geistes sind. Und wie alles beseelt ist im Universum, so erhalten Gefühle eigene Bilder, die ein Hellsichtiger wahrnehmen kann – es sind die *Gefühlsformen*, die skurril dem hellsichtigen Auge erscheinen. Und wie die Seele sich mit Gefühlen einfärbt, indem sie sie durch ihren Ausdruck anzieht, ist ein ganzer Komplex von Gefühlsbildern um den Menschen herum gestaltet.

Gefühle haben die Neigung, Gefühle ähnlicher Schwingung anzuziehen. Das wird ersichtlich bei Menschen, die z.B. immer wieder zu Jähzorn neigen. Die ganze Aura dieses Menschen gestaltet sich anders, als bei einem der zu Gleichmut neigt. Es ist seine Gefühlsfärbung. Sie kennen das, wenn Sie z.B. über etwas in Wut geraten. Zuerst ist Leere, dann zieht sich das ganze Blut in Ihrem Kopf zusammen, und in Ihrem tiefen Innern rollt ein grollendes Beben heran, das Sie immer stärker erfasst, bis es sich in einem Eklat auslädt. Nach einer kurzen Zeit ebbt das Beben wieder ab und sie fühlen sich erschöpft, aber auch befreit. Sie sind nicht die Wut, sie haben ihr nur *Ausdruck* verliehen. Je kultivierter ein Mensch ist, desto feiner und differenzierter wird sein Gefühlsausdruck.

Sie können Gefühle heran nahen fühlen, aber Sie müssen sie nicht ergreifen, ihnen keinen „Raum" geben. Dazu haben wir die Vernunft, die sie in Grenzen hält. Anderseits darf man Gefühle auch nicht unterdrücken. Der Schlüssel zu dem ist, das eine vom anderen unterscheiden zu lernen, denn es gibt Gefühle, die uns gut tun und andere nicht. Wir sind nicht die Verliebtheit oder die Angst oder die Wut, wir identifizieren uns nur zu schnell mit ihnen. Das Toben der Gefühle tut Ihnen ebenso wenig gut wie die Gelähmtheit. Aber sie ziehen vorüber, bis wir wieder klarer werden.

Wenn wir Gefühle ausdrücken, hauchen wir ihnen Leben ein. Und indem wir sie nach Art unserer Gewohnheit immer wieder aufgreifen, werden sie für uns charakteristisch. Und das formt sich zu einem Gesamtbild, das wiederum im Ausdruck unserer Augen liegt. Gefühle sind wie einzelne Facetten, die sich durch ihre Bedingtheit ineinander fügen. Würden wir diese Teile nacheinander entfernen, so wie im Auflösungsprozess nach dem Tod, bliebe nichts übrig außer unserer eigentlichen lichten Identität: Geist vom Geist entnommen.

Mit den Gefühlen stehen wir in dieser Welt und in der astralen Welt darinnen, mit unseren Gedanken aber in der geistigen Welt. Denn was hinter unseren Gedanken liegt sind geistige Urbilder und wir schöpfen Kraft aus der geistigen Welt. Alles, was wir an Ideen, Inspirationen und Erkenntnissen erringen, sind geistige Funken, oder eben Urbilder, die in uns die entsprechenden Gedanken entzünden. Wobei wir unterscheiden müssen zwischen Gedanken, die *wir* erzeugen und Gedanken, die in uns als *Idee* eingegeben werden.

Gedanken können Gefühle kraftvoll beeinflussen, denken Sie da an Hypnose oder Suggestionen, während Gefühle unsere Gedanken einfärben können, ja sie überschatten oder gar verwirren können. Man sollte die Macht der Gefühle nicht unterschätzen, sie können uns ganz in Gewalt nehmen und zu Handlungen treiben, die jeder Vernunft entzogen sind. Anderseits können Sie uns zu großer Schaffenskraft inspirieren, denn Gefühle haben ihre eigene Sprache, ihre eigene Welt und diese Welt ist voller Symbole, Archetypen und Gestalten, eben die ursächliche Welt, aus der wir stammen.

Mit unseren Gedanken können wir unsere Gefühle steuern, ihnen eine Richtung geben und ein Gedanke verwirklicht sich nur, wenn er mit Gefühl aufgeladen ist, und der Wille ist eine Gefühlsäußerung. Da alles im Wandel der Zeit begriffen ist, wird man bewusst, wie unstet wir im Innern sind. Kraft und Zentriertheit gewinnt man durch eine innere Ausgewogenheit, also kein Zuviel und Zuwenig an Gefühlen, denn in ihnen wirkt kausal das Polaritätsgesetz.

Im Tod fließt Ihr „Inneres" gleichsam nach außen. Und hier wirken Gefühle und Gedanken, die sie zu Lebzeiten kultiviert und angezogen haben, gestalterisch auf Sie ein, denn der schöpfende Geist ist das Reich der Urbilder und Symbole, allem wird Ausdruck verliehen. So können Gefühle und Gedanken durchaus real wirkende Formen annehmen - es ist ihr eigener Geist, der sein Inneres nach außen projiziert. Veränderungen sind im Tod nicht mehr möglich. Was Sie erfahren ist das, was Sie zu Lebzeiten angesammelt haben und dies wird nach und nach aufgelöst, bzw. in Bedingungen und Charakteranlagen für die nächste Inkarnation transformiert und sozusagen als Extrakt aufbewahrt, den Sie wieder aufnehmen, wenn Sie sich inkarnieren.

Was Sie zu Lebzeiten kultiviert haben, betrachten Sie im Tod als Ihre Projektionen. Verdrängte Gefühle, die nicht gelöst wurden, das, was in Ihrem tiefen Innern schlummert, bekommt eine intensive Dimension, die Sie hin und her treiben kann. Wenn Sie sich selbst darin nicht erkennen, können diese Gefühle sehr mächtig auf Sie einwirken, ob nun positiv oder negativ. So durchleben Sie alles noch einmal und zwar in einer Rückwärtsfolge, bis hin zur Geburt. Dadurch verarbeiten Sie und lösen Ihre Lebenserfahrungen schrittweise auf, bis Sie durch alles hindurch gegangen sind. Dann leuchtet der Geist aus Ihnen heraus. Sie sind dann in der Lage in den geistigen Dimensionen höher zu steigen, weil alles Irdische von Ihnen abgestreift ist.

Träume sind nicht gleich Schäume

Traum unendlicher Süße

Träume so süß wie Honig, und doch auch bitter, lassen mich in ungeahnte Höhen aufsteigen, und schleudern mich jäh in den Abgrund verhängnisvoller Finsternis, welch Ungetüme sie gebärt.

Wirr und seltsam streichelst du mich mit deiner glitzernden Zauberfeder und entlockst mich in unbekannte, ferne Welten. Du gießt eine Fontäne voller Magie in mein Herz hinein und meine Seele leuchtet hell wie ein junger Stern in dunkler Nacht.

Du bist der Schrecken, der mich durch endlose Flure jagt, ein himmlischer Hauch, der mich in deine märchenhafte Zauberwelt entführt. Dein Buch beschreibt endlose Seiten mit Sternenstaub geschrieben. Und die Worte werden zu Klängen und die Klänge werden zu prachtvollen, majestätischen Farben, die die schönsten, lebendigsten Gemälde malen, die das Firmament glorreich erstrahlen lassen, als einen Blütenkranz auf meinem Haupte.

Ich zeichne meine Sehnsucht in deinen Wind hinein und du füllst ihn mit deinem köstlichen Nektar. Sternschnuppen voller Poesie regnen in ein Meer erleuchtender Erhabenheit, das schwanger ist von der Schönheit des Lebens, was mich gedacht hat als einen Traum, umgarnt von deinem funkelnden Umhang unendlicher Süße.

In deinem Atem werde ich zu Myriaden auferstehen, in deinem Schatten werde ich sterbend untergehen. Doch du bist der Puls am Flusse, dem ich bedächtig lausche, welch Wonne du zu erzählen weißt. Geschichten von unsichtbarer Feder in meine Seele hinein geschrieben. Dein Kommen, oh Traum, setzt mir die Krone der Nacht auf. Ein König im Lande mythischer Fabelwesen und engelsgleicher Elfen, die in deinem endlosen Umhang thronen.

Dein liebliches Licht füllt goldene Becher, deren Trank die Sehnsucht löscht, die in meiner Brust erbebend schlägt. Du entlässt mich auf weite Flure und in der Halle meines Herzens erklingt dein zauberhaftes Spiel, oh Traum unendlicher Süße...."

Die Natur des Träumens spiegelt Ihre Seele in ihrer ganzen unerschöpflichen Vielfalt wider. In Träumen gibt es keine Gesetzmäßigkeit, sie sind vollkommen zeit- und grenzenlos, voll von Archetypen und Symbolen. Träume sind wie eine unkoordinierte Landschaftskarte des Geistigen. Es verbindet uns mit höheren Welten, wie mit unseren tiefen Abgründen von unterdrückten Inhalten, Traumata und Urinstinkten. Verschlungene Pfade geleiten Sie in Welten, zu denen wir normalerweise keinen bewussten Zugang haben. Mit dem Schlafe befinden wir uns nicht nur im Reich der Seele, sondern wir stehen auch in der geistigen Welt darinnen, weil der Geist die Seele durchwirkt.

Wir können die damalige Zeit, in dem der Mensch sich allmählich verdichtete, als traumgleich bezeichnen. Mythen und Mysterien beschrieben sein Leben, das hoch spirituell war. Träume sind ein kleines Relikt aus diesen Zeiten.

Wenn wir träumen, verarbeiten wir nicht nur unsere Erfahrungen, sondern befinden uns auch im Reich des kollektiven Unbewussten, in dem wir uns mit der Übertragungslinie unserer Vorfahren, wie auch mit der Evolutionsgeschichte verbinden, die sich mit den Symbolen der Traumsprache – die Sprache des unkoordinierten Geistes - vermischen. Deswegen kommen uns Träume oft unsinnig vor, weil sie voll von wirren Informationen sind, die jeglicher Zeit- Raumkontinuität enthoben sind. Diese ganze Komplexität füllt unsere Träume aus. Einerseits sind Träume eine Spiegelung Ihrer Seele und anderseits verbinden wir uns mit dem kollektiven Unbewussten, dessen eine Vielzahl an Seelen - Lebende, wie Verstorbene - geistige Wesen aus anderen Sphären, nahe stehende Personen, Ereignisse, verdrängte Inhalte, Urinstinkte u. s. w. Ihr Traumleben durchdringen. Träume erschließen geistige Räume, weil sie ein Grenzweg zwischen den Dimensionen sind. Sie sollten ihre Träume nicht gleich als Schäume abtun, denn sie können wertvolle Informationen für Sie enthalten, auch wenn wir ihre Sprache nicht richtig zu deuten verstehen.

Träume sind, wie gesagt, Relikte aus unserem einstigen Seins als spirituelle Wesen, bevor die Materialisierung in die grobstofflichen Ebenen begann. Denn zuvor war alles Geist und somit angefüllt von Archetypen und Symbolen, deren Sprache zu deuten wir nur verlernt haben. Und in Träumen, wie im Tod, verbinden wir uns mit unserer Gruppenseele.

Es gibt Seelen, die durch ähnliche Resonanz zusammen schwingen, und dies kann über die Dimensionen hinweg verflochten sein. Einige haben einen grobstofflichen Leib, während die Brüderseelen sich in überirdischen Gefilden befinden. Dieser Gruppenseele ist eine spezielle Aufgabe zugeteilt, die allgemein dazu dient, die spirituelle Entwicklung der Menschen voranzutreiben. Und diese Brüderseelen wirken in die irdische Seele hinein. Das ist eine Erklärung, warum wir in unseren Träumen oft fremden Menschen begegnen – zum anderen können es auch unbewusste Inhalte sein, die sich personifizieren. Diese Affinität zieht wiederum eine bestimmte geistige Qualität und Wesen an, deren Ausdruck zu verleihen wir berufen sind in der Welt. Denn bedenken Sie, mit unserem Wachbewusstsein sind wir auf dem irdischen Maßstab begrenzt und können daher nur das sehen und wahrnehmen, was unsere Sinne zulassen. Doch unsere Bestimmung ist den göttlichen Geist in uns und außerhalb von uns zu erkennen und somit freizulegen. Wenn wir aus unserer eigenen irdischen Beschränkung heraus wachsen, dämmert der göttliche Geist auf, der tief und unerschöpflich ist. Was wir heute haben ist vielleicht ein Zipfel davon, aber dieser weist uns den Weg. Vielleicht sind wir die Träumenden einer Illusion von einer Realität, die lediglich in unseren Köpfen existiert. Was ist Realität? Wenn Sie sich selbst anschauen, was sind Sie? Sie sind von einer ganzen Kette von Bedingungen abhängig: Von Ihren Beziehungen, Ihrer Umwelt, Ihrer Arbeit u. s. w. Im Grunde genommen sind Sie von anderen Menschen abhängig und Ihr Ich erhält erst durch die Beziehung zu Ihrer Umwelt Bestand. Sobald Sie dem allem entrissen wären, bröckelte auch Ihr Ich.

In Träumen waltet die einstige Ursprache, die rein bildnerisch und abstrakt war. Und auch unsere Seele hat ihre Sprache, sie gestaltet Bilder, Imaginationen und wir verbinden unbewusst Gefühle mit Bildern, weil sie sich besser in uns einprägen.

Im Traumbereich können wir Informationen von höheren Ebenen und über unser Leben empfangen, weil unser Bewusstsein, das an die Materie gebunden ist, in seinen Grenzen gelockert ist und unser Astralleib, der Träger unserer Seele, ein Stück weit herausragt. Da sich aber die Erfahrungen des Tages und länger zurück liegende Ereignisse mit dem Geist vermischen, erscheinen die Träume so vielfältig und wirr in ihrer Symbolsprache, dass sie die Klarheit der höheren Welten schwer durchscheinen lassen. Und es liegt in Ihrem Wesen selbst begründet, mit welchen Ebenen Sie eine Affinität eingehen. So können Sie durchaus in höhere wie in unteren Sphären reisen, Informationen aus dem kollektiven Unbewussten erhalten, zukünftige Ereignisse träumen, Botschaft von geistigen Wesen erhalten u. v. m.

Sie können Ihre Träume weitgehend dahin trainieren, dass Sie den Wahrheitsgehalt aus Ihren Traumprojektionen herausfiltern lernen. Dazu gibt es bestimmte Übungen, die Ihre Wahrnehmungen im Schlafe verfeinern. Dafür eignen sich Meditation, Yoga und Suggestionen. Hierfür gibt es entsprechende Literatur. Auch Astralreisen (Aussendung des Seelenkörpers) sind während des Schlafes möglich.

Unser Astralkörper ist der Träger unserer Seele, genau wie wir einen Mentalkörper haben, der u. a. unseren Intellekt steuert. Wir stehen mit diesen Gliedern auch in den geistigen Ebenen, besonders, wenn wir schlafen oder meditieren. Der Astralkörper hat seine Natur in der Astralebene, die wir nach dem Tod durchlaufen. Wir können jetzt schon zu Lebzeiten die Astralebene besuchen. Die Astralebene wird im Christentum als Fegefeuer bezeichnet. Dies ist aber eine Glaubensache. Wir verarbeiten in der Astralebene unsere irdischen Erfahrungen, legen Begierden und gröbere Charaktereigenschaften ab. Manchmal kann dies durchaus schwierig sein, wenn wir sehr viel im Ungleichgewicht gebracht haben. Die Astralebene ist aber nicht die Hölle, sie ist ein Ort der *Umwandlung.*

Die Astralebene selbst ist untergliedert, vom dichtesten Schwingungsgrad bis zum höheren Schwingungsgrad. Und wir passen uns dem an, schwingen immer höher, bis wir zu den geistigen Ebenen reisen. Hier sehen wir die Gedanken und Gefühle, in ihrer Urform, die gestalterisch auf uns einwirken. Sie sind Gedankenkonstrukte und Gefühlsgestalten.

Sie können sehr echt auf uns einwirken. Und hier gilt: Mensch erkenne dich selbst. Wir können sie durchaus mit Träumen vergleichen.

Alles was wir an Geistestätigkeit, wie Erkenntnisse, Schlussfolgerungen, Geistesblitze und dergleichen mehr haben, hat hier seinen Ursprung, bzw. wird zu dem wieder zurückgeführt. In dieser Ebene haben wir keine inneren Gedanken mehr, wir sind vergeistigte Wesen und fügen uns in unsere geistige Umwelt ein, die unserem Entwicklungszustand entspricht. Wir kommen dann an unser Urbild vorbei, wie der Mensch *gedacht* ist - seinen Ursprung. Von da an hat er an allem Anteil. Er reist durch die Evolution unserer Geschichte. Er reist über Galaxien bis zum Urknall, geht durch jede Erfahrung durch, ist alles und weiß alles in einem Augenblick. Er sieht mit Gottes Augen, hat Anteil an seinen Offenbarungen. Er fühlt sich eins mit ihm. Er sieht die Hierarchie der Engel, die überwältigend schön sind, weiß um ihre Aufgaben und auch die vergeistige Seele wirkt am *Bau* des Menschen mit, am *Bau* der Natur. Die allumfassende Offenbarung Gottes ergießt sich in die Seele, die wiederum als Spiegel wieder zurück reflektiert, denn alles ist ein einziges Fließen, ein einziges Strömen, voll glitzernder Sphären. Das ist die Aufgabe des himmlischen Menschen, der wir irgendwann einmal werden.

2. Teil: Astrologie aus spiritueller Sicht.

Planetarische Aufenthalte

Wir sind geboren an einem bestimmten Ort, zu einer bestimmten Zeit und dies geschieht nicht zufällig. Erst wenn die kosmischen Planetenkonstellationen mit unserem Karma übereinstimmen, d.h., dessen Qualität entspricht, können wir in die materielle Welt eintreten.

In der Astralebene, der Läuterungssphäre, wurden alle Erfahrungen und gröbere Eigenschaften gereinigt, bis wir als Geistselbst in höhere Ebenen aufsteigen konnten. Diese Eigenschaften sind nicht einfach gelöscht, sondern wurden umgewandelt als karmische Frucht des letzten Lebens. Diese karmische Frucht beinhaltet umgewandelte Energiemuster, die für ein neues Leben relevant wird.

Diese Transformationen der Wesenszüge in der Astralebene kann man in verschiedene Bereiche unterteilen: Es sind die planetarischen Aufenthalte (Nach Edgar Cayse)

Planetarische Aufenthalte sind vielmehr die Qualität von Erfahrungen, die wir dort durchleben bzw. die uns reinigen. Jeder Planet stellt einen eigentümlichen Bereich dar und wir werden von dem einen mehr oder weniger angezogen, je nach dem, was wir im letzten Leben angesammelt haben. Ungleichgewichte, die wir vollzogen haben, müssen durch Selbstbetrachtung und Reinigung wieder hergestellt werden.

Aus dieser Umwandlung setzt sich unser zukünftiges Karma zusammen.

Das jenseitige Erleben ist von viel intensiverer Natur als das, in dem wir noch in der Welt der Materie eingebunden waren. Das liegt daran, wie bereits erwähnt, dass die Schwingungen im materiellen Bereich wesentlich verlangsamt werden und sich die Konsequenzen unserer Taten erst zu einem viel späteren Zeitpunkt manifestieren. Ist der Geist aus der Materie befreit, folgt er seinen eigenen Schwingungen und diese ziehen ihn in entsprechende Ebenen, die eine ähnliche Resonanz aufweisen. Welche Energie der Menschen sich zu Lebzeiten angeeignet hat, ist für die planetarischen Aufenthalte von Relevanz.

Hier treffen wir auch auf den Hüter der Schwelle, er wirkt durch die Saturnenergie, die unser Prüfstein im Leben wie auch als der Planet des Karmas bekannt ist. Auch hier im Jenseits ist er eine spirituelle Prüfung, denn er führt der Seele ihre gesamten Verfehlungen vor Augen. Er ist damit unser schlechtes Gewissen als auch Verantwortung und höhere Moral im Leben.

Wenn der Mensch in sein eigenes Angesicht blickt (also den Hüter der Schwelle) und davor flieht, ist er nicht reif genug in die geistigen Ebenen aufzusteigen. Denn die Seele muss sich selbst überwinden, ihre eigenen dunklen Schattenseiten erkennen und transformieren, sonst könnten ihre eigenen dunklen Seiten ins Verderben führen.

Wie ein Hüter steht Saturn an der Schwelle zu den höheren, feinstofflichen Ebenen und gewährt nur dem Einlass, der sich in ihm selbst erkennt. Und in sein Angesicht zu blicken ist wahrlich erschreckend, denn es beschämt die Seele ihrer gesamten Verfehlungen gegenüber, die hart und verzerrt in ihm eingetragen sind. Saturn personifiziert die Angst, das, wovor wir uns fürchten. Im Leben zeigt sich dies u. a. in unseren Schwierigkeiten und wie wir Krisen im Allgemeinen begegnen. Saturn ist die Aktualität von Karma, Störungen, Hemmnisse und Prüfungen im Leben. Immer wieder führt er uns selbst vor Augen, damit wir uns selbst erkennen und unsere Schattenseiten transformieren – jene unliebsamen und verdrängten Seiten in uns selbst. Er zeigt die Härte des Lebens an.

Menschen, die auf Saturn eingestimmt sind, haben oft schwere Schicksalsläufe und dramatische Krisen. Mit ganzer Wucht brennt Saturn alle Ungereimtheiten aus und stürzt uns in schwere Zeiten, damit alle Konzeptionen aufgelöst werden. Was wir am Ende haben ist das nackte Gewahrwerden über uns selbst. Er reißt uns buchstäblich aus unserer Subjektivität heraus, schafft Altes und Gewohnheiten fort, damit er Grund für Neues legt.

Krisen können uns verwandeln und Saturn ist daran interessiert, dass wir unser altes Selbst ablegen, unsere karmischen Tendenzen umwandeln, um ein neues Selbst zu definieren. Saturn ist Aktualität von Karma. Indem wir uns im Laufe des Lebens transformieren, und an Erfahrungen und Erkenntnissen innerlich wachsen, haben wir unsere Aufgabe, die Saturn an uns stellt, erfüllt.

Haben wir aber an unserer Aufgabe vorbei gehandelt, indem wir z.B. unsere Selbstsucht verstärkt haben, kommen die negativen Züge von Saturn zum Tragen: Wir können stagnieren, hart oder verbittert werden. Sogar hasserfüllt können wir werden und Entwicklung scheint dann nicht mehr möglich, was mit unter im Alter passieren kann, denn Saturn reagiert über das Alter und die Materie.

In Saturn begegnen wir, wie beschrieben, unserem schlechten Gewissen, denn er zeichnet alle Verfehlungen auf. Er führt uns daher im Tod unser Ungleichgewicht, das wir verursacht haben, vor Augen.

Was wir Gutes vollzogen haben, offenbart sich durch Jupiter. Er ist der Wohltäter der Menschen, ihr Gönner und Schutzengel.

Jupiter stellt die kosmische Gnade dar, die sich der leidenden Seele zuwendet. Er ist das höhere Vermögen im Menschen, das Gute in uns und unser Schutzengel. Saturn würde die Seele verhärten, wenn Jupiter nicht für Ausgleich sorgen würde. Er rückverbindet die Seele mit ihrem göttlichen Ursprung. Jupiter erhellt den Weg durch unser eigenes Schattenreich - im Leben, wie im Tod. Jupiter stellt die Hoffnung dar.

Im Leben wirkt er als geistiges Erwachen, indem wir unsere Selbsterkenntnis mit größeren Zusammenhängen in Verbindung bringen. Welchen Glauben und Sinn wir definieren.

Die Suche nach Gott fängt mit der Suche nach uns selbst an. Nur durch gewonnene Erkenntnisfähigkeit hebt sich der Mensch aus der Schwere der Materie und wird empfänglicher für höhere Dimensionen. Saturn und Jupiter sind damit die Torhüter zur spirituellen Sphäre, im Tod wie im Leben. Sie bilden das persönliche Unbewusste im Menschen.

Die persönlichen Planeten haben hingegen mit unserem bewussten Selbst zu tun: Venus – Liebesfähigkeit, Mars – Willenskraft, Merkur – Kommunikation, Sonne – der Wesenkern, Mond – das seelischen Vermögen. Wobei Sonne und Mond eine besondere Stellung einnehmen.

Die Astralebene ist die Ebene des Mondes – unserer Seele. Und die Seele ist reich an Begierden, Gefühlen, Bedürfnissen, Träumen, eben dem, was uns ausmacht.

Die Sonne spiegelt unseren inneren Wesenskern wider - es ist das, wie wir gegenüber der Ganzheit eingefärbt sind, das innewohnende geistige Potential, das sich entfalten will. Der Mond ist unser emotionales Ich, während die Sonne als ein geistiges Vermögen in uns ruht.

Während wir in der Astralebene all unsere irdischen Erfahrungen, Begierden, Gewohnheiten, Vorlieben und Abneigungen ablegen, um in den Ebenen höher reisen zu können, ist die Sonne das geistige Vorbild oder das Urbild des Menschen, das, wo er letztendlich hin strebt.

Im Sonnenprinzip wirken hohe Wesen, die dem Menschen seinen Ursprung und sein eigentliches göttliches Selbst widerspiegeln. Hier ist er ganz Geistselbst, denn er hat seine seelische Hülle, mit all seinen irdischen Erfahrungen, in der Astralebene abgestreift. Was immer sich die Seele erarbeitet hat, bleibt in der Astralebene als Extrakt zurück, um bei einer erneuten Inkarnation wieder aufgenommen zu werden. Es sind die gereinigten bzw. umgewandelten Energien, *das neue Karma* der zukünftigen Seele.

Die Seele stimmt sich auf ihre planetarische Reise in die Energien der Planeten ein, die man sich hier rein geistig vorzustellen hat und sie durchwirkt die Astralebene.

Uranus und Pluto sind transformatorische Kräfte im Innern, über die wir normalerweise keinen bewussten Zugang haben. Pluto, Uranus und Neptun wirken im kollektiven Unbewussten und verbinden ganze Menschengruppen, weil sie im „Großen" wirken.

Haben wir unsere seelischen Regungen abgelegt, gelangen wir in die Mentalebene. *Hier schauen wir unsere Gedanken und die ursächlichen Bilder dahinter. Sie können reale Formen annehmen und offenbaren ihre Natur: Sie sind Geist vom Geist entnommen.*

Durch unsere Gedanken gestalten wir unser Leben und uns selbst. Hier im Jenseits formen sie sich zu unserer Umwelt und wirken auf uns ein. Daher sollten wir sorgsam darauf achten, welche Gedanken wir zu Lebzeiten kultivieren.

Wenn wir höher steigen, kommen wir in die Kausalebene und führen im Jenseits nun mehr ein rein geistiges Dasein.

Es gibt insgesamt 7 Ebenen oder Himmelssphären und je höher wir steigen, was von unserer spirituellen Entwicklung abhängig ist, desto feingeistiger und durchscheinender wird unser Selbst und desto näher sind wir am göttlichen Licht. Darüber hinaus befindet sich der absolute Geist oder Gott, hier gibt es Begriffsvermögen. Es ist die Totalität von allem in sich selbst.

Die Entscheidung, sich wieder zu inkarnieren, kommt von dem Geistselbst, dadurch dass es eine Art Diskrepanz in seinem Wesen gegenüber der Göttlichkeit empfindet. Es fühlt seine Unvollkommenheit und den Wunsch sich weiter empor zu entwickeln, um sich irgendwann mit Gott zu vereinigen, bewirkt eine stark treibende Kraft, die schließlich zu einer neuen Inkarnation führt. Das Geistselbst erhält eine Vorschau über die wichtigsten Stationen in seinem zukünftigen Leben. Es wählt die Lektionen, an denen es lernen will, nach karmischen Kriterien aus, vielfach unter der Führung höher stehender Wesen.

Das Geistselbst reist weiter der Erdebene entgegen. Es findet jetzt eine Umformung statt. Praktisch tritt das Geistselbst die Reise durch die planetarischen Aufenthalte nun mehr rückwärts an. Es geht durch die einzelnen Dimensionen nochmals hindurch und aus jeder Ebene der Erfahrung zieht sie Konstellationen, die für sein zukünftiges Karma bedeutsam sind, wie einen Magneten an. Dadurch verliert es allmählich die Erinnerung an seine geistige Vorexistenz mit all dem göttlichen Wissen, weil sich die karmische Bedingtheit, um sie herum, immer mehr verdichtet.

Die nun eingegliederten zukünftigen Eigenschaften sind die Erfahrungen, die es sich im Vorleben angeeignet hat. Sie wurden auf der Reise durch das Jenseits transformiert und in Anlagen und Neigungen entwickelt. Diese fließen gleichsam in die Bedingungen des zukünftigen Lebens mit ein, in konkreten Umständen, Charaktereigenschaften und Talente und bilden so eine neue Grundsubstanz, von der es aus dem Leben begegnet und Entwicklung vollzogen wird. Wenn das Geistselbst der Erdebene näher kommt, erhält es eine Vision von seinen zukünftigen Eltern.

Die zukünftigen Eltern liefern, durch ihre entsprechende psychologische Schwingung, genau die Art von karmischer Struktur, welches die Seele anzieht. Was immer sich an Karma im zukünftigen Leben ereignen wird, muss eine dazu gehörige Affinität finden, damit Karma sich auch verwirklichen kann. Wir brauchen zuerst die Grunderfahrung – die Herkunft und Erziehung, als Basis für unsere sich daraus entwickelnden Lernlektionen, die wir im späteren Leben antreffen werden. Für unsere Geburt bringen wir die erarbeiteten Konstellationen mit, es sind die Einstimmungen auf die Energien der Planeten, die wir zwischen den Inkarnationen auf unserer planetarischen Reise besucht haben. Je näher wir der Erdebene kommen, findet im Geistselbst eine Trennung statt: Das göttliche Selbst löst sich von dem karmischen Selbst oder der karmischen Vision, die sich immer mehr verdichtet hat, so dass zwei Wesenheiten entstanden sind. Von den Tierkreiszeichen wählt es sich eines aus, das seiner zukünftigen persönlichen Struktur am ehesten entspricht, und beginnt einen neuen Lebenszyklus.

Die Planetendimensionen – die Urprinzipien (mit Charakterschlüssel)

Die Planeten sind Repräsentanten von spezifischen Energien – den Urprinzipien, die sehr weit in der Zeit zurück reichen und hinweisend für die Zukunft sind. Diese Energien sind in uns eingeprägt und äußern sich in entsprechender Weise. Im Leben spiegeln sie unser Wesen und unsere Eigenschaften wider. Im Tod erfahren wir von diesen Energien direkt ihr innerstes Geheimnis, das sich vor uns in seiner ganzen Vielschichtigkeit ausrollt. Durch unseren Aszendenten, und die Planetenanordnung im Horoskop, können sich die Eigenschaften von Sternzeichen modifizieren. So spiegelt ein stark gestellter Saturn z.B. saturnische Eigenschaften vorherrschend wider, so dass wir einen Saturntypen vor uns haben. Es gibt auch Mischformen, indem mehrere Planeten so stark gestellt sind, dass sie den Sternzeichentypus abwandeln können. Manche wiederum identifizieren sich eher mit ihrem Aszendenten, denn er ist bei der Geburt das aufsteigende Zeichen, das einen innerlich prägt, weil es den Anfang von allem darstellt, wie auch die Atmosphäre in der Kindheit, die wir innerlich aufgenommen haben. Die Sonne spiegelt unseren Wesenkern wider, sie ist der Weg zu unserem inneren oder göttlichen Selbst.

Sonne

Das Sonnenprinzip spiegelt unseren Wesenskern wider. Es ist das innere, geistige Potential, das nach Verwirklichung strebt.

Indem wir unseren Wesenkern im Laufe des Lebens nach und nach entfalten, entwickelt sich unsere ganze Persönlichkeit.

Der Sonne hat man das Symbol des Kreises gegeben, es ist das Symbol des Geistes. Er ist allumfassend, grenzenlos, nie beginnend, nie endend, die Totalität des Ganzheitlichen, das göttliche Urbild. Es ist die Einheit, aus der alles hervor geht und in dem alles wieder zurück sinkt. Alle schöpferischen Möglichkeiten liegen latent in ihm. Dieses Urbild ist in uns eingeprägt, das zur vollständigen Entfaltung strebt.

Wir vollziehen über mehrere Leben das ganze Spektrum an Erfahrungsmöglichkeiten und vervollkommnen uns auf diese Weise. Das Horoskop ist daher unser Lebensplan, erarbeitet durch unsere Vorinkarnationen. Es zeigt den Entwicklungstand unserer Seele an und wie wir uns mit der kosmischen Energie eingestimmt haben. Es spiegelt die Erfahrungen unserer planetarischen Reise wider.

Wir vollziehen mit unseren Inkarnationen jene Facette des Lebens als Reise durch den Tierkreis. Und indem wir uns immer weiter vervollkommnen, reichen wir an das göttliche Urbild näher heran.

Wenn wir nun durch alle Erfahrungen mehr oder weniger, gehen, werden wir immer transparenter für göttliche Kräfte, die unsere eigentliche Natur durchscheinen lassen.

Haben wir unsere gröberen Eigenschaften transformiert und die gegensätzlichen Kräfte ausbalanciert, indem wir uns gegenüber Abneigung und Zuneigung relativ gleichmütig verhalten, kann sich Karma nicht mehr ansammeln und wir vereinigen uns mit Gott.

Wir haben das Sonnenzeichen (Sternzeichen) ausgewählt, damit wir uns in der Welt nicht nur als einzigartige Persönlichkeit darstellen, sondern auch etwas bewirken.

Die Sonne ist unser Weg zur Mitte, der Weg zur Ganzwerdung. Wir spüren es als natürliches Bedürfnis „sich selbst zu sein", indem wir uns und in der Welt Ausdruck verleihen. Das ist der geistige Impuls, der zur Verwirklichung strebt. Das Sonnenzeichen zeigt an, mit was wir uns identifizieren.

Beim Widder geht es darum mit seinem Willen neue Impulse zu setzen, etwas in Bewegung zu bringen, Veränderungen herbeizuführen und seine Ich Identität zu behaupten. Er ist mutig und unerschrocken. Auf der anderen Seite fängt er viele Dinge an und bringt Manches nicht zu Ende. Er ist oft hastig, impulsiv und unüberlegt in seinen Handlungen. Sein hitziges Temperament macht ihn zuweilen ungeduldig, manchmal sogar aufbrausend und unstet. Dafür zeigt er besondere Hartnäckigkeit, gibt nicht so schnell auf und hält sein Wort. Seine Leidenschaft ist stark ausgeprägt und für ihn muss es immer interessant sein, damit sein Interesse nicht verfliegt.

Beim Stier geht es um Substanzbildung, indem er den Impuls des Widders aufnimmt. Es geht um Wahrnehmung von Werten und Sicherheiten. Und indem der Stier sich durch das definiert, was er vom geistigen Impuls geschaffen und geformt hat, *seinen Besitz*, erhält er ein stärkeres Identitätsgefühl. Er vermittelt der Umwelt Werte und Sicherheit. Der Stier hält nichts von riskanten Abenteuern, er hält am Althergebrachten und Bekannten fest, genauso wie an seinen Lieben. Er ist von zäher und geduldiger Natur und geht die Dinge langsam an.

Beim Zwilling geht es um kommunikativen Austausch und innerer Reflexion, um das Verhältnissetzen zwischen dem geistigen Impuls oder der Idee (Widder) und seine materielle Ausdrucksform (Stier). Ein Ungleichgewicht ist durch seine doppelte Natur gegeben, zwischen Götterboten (Geist) und seiner materiellen Verdichtung. Seine Gedanken können in verschiedene Richtungen gehen, so dass er es schwer hat eine Entscheidung zu treffen bzw. an der Umsetzung seiner Idee zu arbeiten. Er schwankt zwischen den verschiedenen Dimensionen des Lebens, die eine seelische Instabilität zur Folge haben kann. Zwillinge erhalten ihr Identitätsgefühl durch ihre Kommunikationsfähigkeit.

Krebse fangen die Wandelbarkeit des Zwillings auf und formen sie zum inneren Erleben. Sie definieren ihr Selbst durch ihr seelisches Vermögen. Sie sind rezeptiv und assimilieren ihre Erfahrungen, indem sie ihnen seelisch Ausdruck verleihen. Das Nährende, Schützende sind Eigenschaften des Krebses, wo er aufblüht. Die Wandelbarkeit ruft seelische Schwankungen hervor und macht ihn sensibel für alle möglichen Einflüsse. Er hat die Reizbarkeit des Widders, die Beharrlichkeit und das Sicherheitsbedürfnis des Stieres und die Instabilität des Zwillings. Seine Fürsorge und Sensitivität zeichnet seine Seele aus und bereichert damit die Umwelt.

Diese Gefühlsbetonung fängt der Löwe auf. Löwen sind Gefühlsmenschen und entscheiden aus dem Bauch heraus. Er will einmalig in seiner Person sein und damit in seiner Umwelt glänzen. Beim Löwen geht es darum, seiner Umwelt an seiner Selbstentfaltung nicht nur teilhaben zu lassen, sondern andere zu fördern ihr inneres Wesen freizulegen. Sie stehen oft im Mittelpunkt des Interesses und können egozentrisch sein. Sie besitzen viel Kraft und einen starken Willen. Negativ gelebte Seiten bewirken das Gegenteil: Unterdrückung, Machthunger, Dominanz und Selbstsucht. Aber seine Herzlichkeit, seine Gönnerhaftigkeit und sein Großmut bereichern die Umwelt.

Während der Löwe sich von seinen Gefühlen leiten lässt, koordiniert die Jungfrau ihre Umwelt in ein festes Gefüge. Sie lässt sich nicht von Gefühlen leiten, sondern von pragmatischer Überlegung. Ihr Ziel ist es, den Dingen und Gefühlen eine dauerhafte Struktur zu geben, Verantwortung zu leben und zu vermitteln. Mit logischem Kalkül plant, prüft und analysiert die Jungfrau alle inneren und äußeren Vorgänge und schafft so eine stabile Basis in ihrem Leben. Durch ihre Sachlichkeit kann sie leicht unterkühlt und distanziert wirken, weil ihre Gefühle von pragmatischer Überlegung überlagert werden.

Die Waage hingegen sucht eine Balance zwischen ihren Gefühlen und sachlichem Kalkül zu finden, die sie mit den Anforderungen des Lebens abstimmt. Sie versucht alle Extreme auszugleichen, damit sie ein ausgewogenes Innenleben und geordnete Verhältnisse erreicht. Dieses harmonische Abgestimmtsein vermittelt sie auch ihrer Umwelt und tritt dem Menschen diplomatisch und geschickt in ihren Umgangsformen entgegen. Wenn die Dinge aus dem Gleichgewicht geraten, kann sie krank und depressiv werden. Diese hervorgerufene Labilität zeugt eine eher passive Haltung und sie braucht immer Anreize, die sie zum Handeln anregen. Sie hat die Herzlichkeit des Löwen, den Pragmatismus der Jungfrau, die sie harmonisch miteinander abstimmt. Sie ist nicht geneigt in die Tiefe zu gehen, sondern bewegt sich mehr an der Oberfläche.

Dieses Unvermögen fängt der Skorpion auf, indem er sein reiches Innenleben auslotet. Wohingegen es bei der Waage darum geht alle Extreme zu vermeiden, neigt der Skorpion zu Extremen. Er unterhält einen viel näheren Bezug zu seinen Gefühlen, Begierden, Urinstinkten, die ihn in seinen Handlungen beeinflussen können. Dabei geht er mit Raffinesse vor und versteht es geschickt andere Menschen für sich einzuspannen. Ziel des Skorpions ist es, anderen Menschen zu einem tieferen Zugang zu ihren Gefühlen zu verhelfen, denn er ist analytisch und scharfsinnig. Indem der Skorpion seine ganze Gefühlswelt erlebt, fühlt er sich vollständiger.

Skorpione können extrem leidenschaftlich sein bis hin zum Fanatismus, gütig oder verletzend sein, dabei zeigt er nie ganz seine verwundbare Seite und seine wahren Motive. Er will vornehmend seine Umwelt kontrollieren und kann dominant wirken. Er hat den Gefühlsausdruck des Löwen, das Kalkül der Jungfrau und die Gewandtheit und den Charme der Waage. Sie besitzen Suggestivkraft und Taktik, die andere Menschen anziehen. Er kann zum Kern eines Problems vordringen und besitzt Kampfgeist.

Beim Schützen geht es darum mit seiner optimistischen Lebensart, lebensbejahender und erkenntnisreichen Einstellungen seine Umwelt zu bereichern. Sie sind großherzig und legen in ihren Erfahrungen mehr Tiefe hinein, indem sie sie in einen höheren Kontext stellen. Sie haben Gerechtigkeitssinn und leben gerne und vor allen Dingen intensiv, obgleich sie auch nach Unabhängigkeit und Freiheit streben. Sie sind meist extrovertierter Art und weisen Vorahnungen auf. Schützemenschen haben ein sensibles Wesen und fördern ihre Umwelt, indem sie einen übergeordneten Sinn über die Dinge des Lebens vermitteln können.

Geht es beim Schützen um Großlebigkeit und Erkenntnis, assimiliert der Steinbock seine Erfahrungen, indem er stetig und geduldig an einer Sache arbeitet. Mit seiner realistischen Auffassung, Sinn für Methodik und Pflichtbewusstsein steuert er der Allgemeinheit bei. Sie haben eine ernste Lebensauffassung und können durch ihre Zähigkeit schwierige Zeiten meistern. Ihr Leben ist ohnehin mit einigen Schwierigkeiten und Hemmnissen belastet, aber der Steinbock strebt trotz all der Hindernisse nach Erfolg für seine Mühen. Sie sind zurückhaltend, manchmal distanziert und sehr verletzbar. Diszipliniert regelt er seine Angelegenheiten und ist manchmal zu streng mit sich und anderen.

Wassermänner hingegen halten nicht viel von festgelegten Regeln, wie der Steinbock. Sie brauchen Spielraum, wo sie sich entfalten können. Er hat die psychologische Gabe des Skorpions, indem er Dingen auf den Grund geht und durch seine Erkenntnisfähigkeit verblüffen kann. Das unbedingte Streben nach Unabhängigkeit des Schützen und den Willen Einmaliges zu erreichen wie der Steinbock. Sie sind manchmal exzentrisch und oft schwer durchschaubar. Der Wassermann ist gesellig, aber manchmal unverbindlich, oft sprunghaft in seinem Wesen und alltägliche Pflichten löst er gerne mit seiner Vorliebe nach Vergnügen ab. Er besitzt Charme, Intuition und öffnet sich dem Zeitgeist, alles Neue interessiert ihn. Beim Wassermann geht es darum anderen ihren individuellen Ausdruck und Freiraum zu fördern und sich neuen Strömungen zu öffnen.

Die intuitive Gabe wird von dem Fischen aufgefangen. Ihr ganzes Wesen wird sehr von ihrer Seele beeinflusst, sie ist daher empfindsam und stark für die Einflüsse ihrer Umgebung empfänglich. Die raue Realität lässt sie oft in innere Welten flüchten, sie haben daher eine ausgeprägte Phantasie, Träume und Ideale. Sie können pragmatisch sein aber der triste Alltag kann sie depressiv machen. Sie wollen wie beim Wassermann Einmaliges in ihrem Leben erreichen, haben die praktische Veranlagung des Steinbocks und die tiefere Erkenntnisfähigkeit des Schützen. Sie streben nach Höherem in ihren Leben. Oft überlagern Gefühle ihre realistischen Einschätzungen und sie können durch ihr feines Wesen mit anderen Menschen mitfühlend sein und sind oft gute Zuhörer. Beim Fischen geht es darum, ihren Gefühlen Ausdruck zu verleihen und anderen Menschen hilfreich zur Seite zu stehen.

Menschen, deren Sonne stark gestellt ist, sind von herzlicher Wesensart. Sie haben oft eine frische, natürliche Art auf das Leben und den Menschen zuzugehen. Sie besitzen ein stolzes Selbstwertgefühl und stehen meistens im Mittelpunkt. Mit ihrem unbekümmerten, natürlichen Charme können sie andere Menschen anziehen, obgleich sie die Tendenz haben dominierend und führend aufzutreten und zu handeln. Sie sind mehr Gefühlsmenschen als Pragmatiker und setzen ihren Willen energisch um. Autorität über sich mögen sie nicht, denn sie besitzen selbst einen Hang dazu, sind dabei aber großzügig wie gutmütig. Manchmal können sie zornig reagieren, wenn man ihre Weisheiten keine Beachtung oder Respekt zollt. Sie haben oft gute Ratschläge, sind von optimistischer und lebensbejahender Wesensart.

Mond

Die Sonne spiegelt unseren Wesenkern wider. Es ist die Art der Einfärbung, wenn wir das Urbild Mensch passiert haben. Das Sonnenprinzip für sich ist vollkommen verklärt, es stellt reines, universelles Bewusstsein dar, das in sich vollendet ist. Es ist die Wurzel unseres Seins, ein kosmisches Bewusstsein, das im Lichte Gottes lebt. Sich verströmend in Harmonie, Licht und Klang - die Rückverbindung zu Gott oder dem absoluten Geist.

Als wir vor Äonen langer Zeit aufbegehrten und uns konträr zu der göttlichen Sphäre stellten, geschah dies auch aus einem Verlangen nach einem eigenständigen Selbst heraus. In diesem Verlangen regten sich die ersten Formen seelischen Empfindens. Und indem wir mit dem einen Zuneigung empfanden und dem anderen Abneigung, wurde das Mondprinzip geschaffen, das uns ein emotionales Selbst – unser Ich Gefühl - vermittelt.

Tatsächlich stehen hinter den Planetenprinzipien hohe Wesenheiten, die an der Verwirklichung des Menschen mitwirken, denn das Universum ist beseelt.

Die geistige Welt, die das Universum durchdringt, ist hierarchisch aufgebaut von Thronen, Cherubinen, Seraphinen und Elementargeister. Ich weise hier zur Vertiefung auf Rudolf Steiner „Grenzwissenschaften im Umriss" hin.

Aus unserem einstigen *Geistesstrom,* als wir noch ganz im göttlichen Geist darinnen standen, gebar sich durch unsere Spaltung mit Gott ein *Bewusstseinstrom* und rief damit die Polarität auf den Plan. Indem wir uns selbst als etwas von der Ganzheit Getrenntes wahrnahmen, hatten wir mit diesem Bewusstsein Zuneigung. Durch die Polarität vervielfältigte sich das Erlebnisspektrum und zog die junge Seele in immer untere Bereiche des Seins.

Die anfängliche Emotionalität schuf Wesenhaftes in der noch jungen Seele, das sich selbst noch im Lichte Gottes betrachten konnte und legte damit den Grundstein der *Erinnerung,* weil sie ihre Erfahrungen wie in einem Sammelbecken auffangen konnte, indem sie es *festhielt* - das ist die Geburt ihres Unterbewusstseins. Erst als sie über die Verbindung zu Gott allmählich unbewusst wurde, erwirkte das autonom gewordene Selbst in sich selbst eine Gliederung: Das Bewusstsein, das Unterbewusstsein und das höhere Bewusstsein. So bildete sich immer mehr die Seele heraus, die vom Mondprinzip regiert wird.

Durch sein rezeptives Prinzip ist der Mond wie ein Sammelbecken, er fängt alles auf, was nicht verarbeitet und gelöst wurde, wo noch offene Wunden zu heilen sind und was wir verdrängt haben. Er nimmt unsere gesamte Vergangenheit auf, die wir in unserer ganzen subjektiven Weise erlebt haben und bildet unser Erinnerungsvermögen, unsere eingeprägten Muster, die wir bewusst nicht erfassen, die sich aber in Zuneigung und Abneigung äußern. Hier finden wir auch die Wurzeln unterschiedlichster Neurosen, Ängsten und Zwängen und unserem emotionalen Bild von der Welt und wie wir uns selbst empfinden.

Unsere irdischen Wurzeln liegen zweifelsohne mit dem Mond zusammen: Als kleines Wesen der Welt begegnend, sind wir noch völlig unterscheidungsfremd. Allen Eindrücken und Stimmungen von der Umgebung und von Vater und Mutter gleichsam ausgeliefert und innerlich aufsaugend, ohne die Möglichkeit der bewussten Abgrenzung, von den Schwingungen der Atmosphäre vollkommen abhängig. Als Säugling und Kleinkind sind wir der Umgebung ausgeliefert und auf den Schutz, Pflege und der Obhut (Mondeigenschaften) der Eltern angewiesen. Diese ersten Eindrücke in unserem jungen Leben sind die Entscheidensten, sie prägen sich im Kinde als Muster und Motiven ein, wie es der Welt später begegnen wird. Hier steht die Wiege unserer späteren inneren Einstellungen, die sich im fortlaufenden Leben als instinktive und unbewusste Verhaltensmuster ihren Ausdruck schaffen.

Der Mond stellt die Verbindung zwischen unserer Verwurzelung (Herkunft) mit unserem kontinuierlichen Ich Empfinden her.

Positiv gelebte Mondseiten sind die Eigenschaften, die sich aus der Wechselbeziehung zwischen Sonnen- und Mondprinzip ergeben. Der Mond nimmt den schöpferischen Impuls der Sonne auf und formt ihn zu einem persönlichen Erleben, indem er ihm Ausdruck verleiht. Das Schöpfende, Nährende, Wachsende, sind Mondeigenschaften, die von der Sonne angeregt werden. Die Sonne ist Kraft und Lebensspender, ohne die keine Daseinsform auskommt. Durch ihre schöpferische Energie, nährt sie alle Wesen, regt Wachstum an und spendet Licht und Wärme. Und so sind im Mond die gleichen Eigenschaften als verkleinertes Prinzip wieder zu finden: Wir gründen eine Familie, unsere kleine Einheit und unterstützen unsere Kinder bei ihrer Entwicklung. Wie helfen Bedürftigen und kümmern uns um andere, die Hilfe, Unterstützung oder Beistand benötigen.

Der Mond steht für unser Zuhause, unsere Familie und unsere ganz intimste Sphäre: Unsere Innerlichkeit. Er zeigt an, woher wir kommen, wie sehr wir verwurzelt sind und was wir aus der Vergangenheit an Gewohnheitsmustern, Einstellungen und Verhaltensweisen, die aus der Kindheit stammen, mitbringen. Da sich alles verändert, sind wir auch dem Wechsel und Veränderlichkeit unterworfen.

Der Mond hat die Neigung alles festhalten zu wollen, was ihm vertraut ist und was er kennt. Jedoch wird dies oft untergraben durch andere Menschen und Ereignisse, die in unser Leben treten. Und dies ist gut so, denn nur durch Veränderungen entwickelt sich der Mensch. Würde er ausschließlich dem Mondprinzip nachgeben, würde der Mensch plump, sich selbst besäuselnd und vollkommen passiv in seinen vier Wänden sein Dasein fristen und kein Stück weiter voran kommen. Der Mensch braucht immer einen Anreiz, sich zu entwickeln und oft tritt diese Stimulans von außen an ihn heran. Und es kann es auch, denn das Mondprinzip macht ihn offen und empfänglich seiner Umwelt gegenüber; es macht den Menschen rezeptiv. Dadurch erhält der Mensch auch Zugang zu anderen Menschen. Denn das Seelische im Menschen ist immer auf der Suche, sich mit anderen Seelen zu verbinden. So sind die Eigenschaften wie Anteilnahme, Mitgefühl, Fürsorge und Schützerinstinkt innerseelische Bestrebungen. Die mütterliche Seite in uns und rezeptive Seite im Mann.

Das Mondprinzip spiegelt ganz konkret die Mutter wider und wie wir sie erlebt haben. Der Mond beherrscht unser

Gemütsleben und so wie die Gezeiten auf und ab wogen, so sind auch unsere Stimmungen von wechselnder Natur. Der Mond beeinflusst unseren Biorhythmus.

Mondmenschen besitzen fürsorgliche Eigenschaften. Sie fühlen sich am wohlsten, wenn sie diese Eigenschaften ausleben können. Es besteht ein starker Hang zur Familie, Heim und Heimat. Sie haben einen tieferen Zugang zu ihrer Seele, und wenn sie sich nicht geborgen fühlen, können sie krank und depressiv werden. Von außen wirken sie zerbrechlicher als sie es wirklich sind.

Sie besitzen oft einen festen Willen, obgleich sie auch stark beeinflussbar sind und neigen zu Stimmungsschwankungen. Sie sind schnell verletzbar und können schwer von ihrer Vergangenheit loslassen. Oft besteht ein starker Mutterbezug oder sie selbst identifizieren sich zu stark mit ihrer Mutter-/Vaterrolle. Sie sind diplomatisch, schlau und hilfsbereit aber nicht ganz uneigennützig, wie man annimmt. Sie nehmen sich die Sorgen anderer an. Seelische Schwankungen bestimmen ihr Leben, das oft von instabilen Lebensbedingungen noch gefördert wird. Kraft und Zutrauen erhalten sie, wenn sie sicheren Halt in ihrem Leben finden und dieser wird gewöhnlich durch vertraute Menschen, häusliche Umgebung und Gewohnheiten vermittelt.

Merkur

Merkur gilt als der Götterbote, weil er unserer Sonne am nächsten ist. Er ist der Übermittler der geistigen Idee, die schöpferisch in uns eingegeben wird. Wir definieren unser Ich, indem wir reflektieren und kommunizieren können, denn man erlebt sich selbst im Austausch mit seiner Umwelt.

Merkur beeinflusst die Mentalebene, die ursächlichen Bilder hinter den Gedanken und hält eine direkte Verbindung zur göttlichen Ebene, weil alle Gedankenprozesse dem Geist unterstellt sind. Indem wir Gedanken und Worte formulieren, fließt der Geist durch uns hindurch.

Die Art der Gedanken und unser Sprachstil werden von unserer Seele und Persönlichkeit geprägt. Wir sind im ständigen Austausch und alle Erkenntnisprozesse werden nur möglich, weil wir über den Sinn der Erfahrungen reflektieren können. Würden wir z. B. wild aufwachsen, ohne Erziehung und das Erlernen der Sprache, könnten sich keine Gedanken bilden, keine logische Schlussfolgerungen und daher auch keine abgerundete Persönlichkeit bilden. Wir wären vornehmlich mondbeeinflusst, also rein emotional und instinkthaft.

Als wir als Geistselbst in die unteren Bereiche des Seins eingetreten sind, waren wir uns noch über die Schöpferkräfte bewusst, weil sie durch unseren Geist gespiegelt wurden, wir hatten noch an den schöpferischen Kräften Anteil. Weil wir sie für uns aber vereinnahmten, was uns letztendlich von den göttlichen Kräften trennte, kamen wir erst zu Bewusstsein derselben. Vorher bestand kein Greifen nach den geistigen Tatsachen, denn es strömte himmlisch durch uns hindurch, gleichsam standen wir in Gottes Offenbarungen. Sobald wir aber anfingen danach zu *greifen*, also für uns zu beanspruchen, riss das Band zu der universellen Göttlichkeit und wir verloren allmählich unser lichtes Bewusstsein. Dafür wurden wir uns selbst gegenüber gewahr, durch die Erkenntnis, dass wir nun zum göttlichen Feld *verschieden* (Polarität) sind. Wir stiegen durch Erkenntnis herab und durch Erkenntnis werden wir wieder aufsteigen. Unser geistiges Vermögen ist daher eng mit der Absolutheit des Geistes verbunden. Durch unsere Kommunikationsfähigkeit treten wir mit unserer

Umwelt in Beziehung: Wir müssen uns austauschen können, um ein Gefühl von uns selbst zu bekommen.

Merkur beherrscht alles, was mit kommunizieren und geistiger Aktivität zu tun hat: Nonverbalität, analysieren, lesen, lernen, reflektieren, assoziieren, Schrift und Rede u. s. w. Merkur ist das Chamäleon unter den Planeten, weil er eine wandlungsfähige Natur zu eigen hat: Unsere Gedankenstruktur verändert sich im Laufe des Lebens mehrmals und unsere Eigenart den Dingen verbal und schriftlich Raum zu geben. Transformation geschieht im „Kopf", bevor sie Gestalt annimmt. Wohingegen Ereignisse unseren Gedanken eine neue Richtung geben können. Waren wir z. B. vornehmlich tendiert negativ zu denken, können sich im Laufe der Zeit unsere Gedanken ändern, indem wir über uns selbst reflektieren und uns über alte Konditionierungen bewusst werden.

Gedanken sind Baumeister des Lebens, denn sie beeinflussen uns im höchsten Maße. Wir können durch sie zum Heil gelangen oder zum Verderben. Es liegt in unserer Hand, welche Gedanken wir hauptsächlich formulieren. Denn Gedanken streben, wenn sie mit Gefühl aufgeladen sind, nach Verwirklichung und prägen unsere Grundhaltung im Leben.

Auf der anderen Seite kann Merkur arrogant machen, kritiksüchtig, geschwätzig, detailvernarrt oder oberflächig, was den Sinn von Merkur verfehlt, denn er dient zu Erkenntnisprozessen und nicht zur Egoerhöhung, wenn die Sprachgewandtheit und die Intelligenz missbraucht werden.

Merkurmenschen sind wendig und schlau. Diese Menschen haben oft eine doppelte Natur in sich, sie können auf der einen Seite pragmatisch, sachlich und genau sein, anderseits können sie sich im Detail verlieren und sehen den Wald vor lauter Bäumen nicht. Sie schwanken oft zwischen ihren Gefühlen und ihrem Pragmatismus. Ein leicht fahriges Temperament ist gegeben, weil sie hoch eingestellte geistige Kraft haben, die sie leicht unruhig machen kann. Sie neigen daher zu Kopflastigkeit und Stimmungsschwankungen.

Merkurmenschen brauchen eine stabile und ganz praktische Basis in ihrem Leben, damit ihr geistiges Element sich nicht überspannt und sie ihr Ich festigen können. Ihre Gabe, zum Kern eines jeden Problems vorzudringen, zeichnet ihren analytischen Verstand aus und sie haben oft eine kommunikative Begabung, können sich gewandt ausdrücken, was manchmal in Weitschweifigkeit ausufern kann. Merkurmenschen müssen sich immer austauschen können, um ein Gefühl von sich selbst zu erhalten. Sie sind von Natur aus neugierig und gehen auf das Leben und den Menschen auf eine unbekümmerte und offene Art zu.

Venus und Mars

Liebe überwindet alle Gegensätze und verbindet den Menschen mit Gott. Venus ist der Liebesplanet par exellence. Kosmisch gesehen spiegelt Venus die reine, göttliche Liebe wider, die alle Wesen in sich vereint. Wir waren von Liebe durchströmt, sie war das Licht und der Atem göttlicher Offenbarung und wir standen ganz darinnen, im Paradies der höchsten Liebe, die uns erschuf. Wir *waren* Liebe und die kosmische Harmonie, die sich selbsttrunken im Lichte Gottes den Kosmos seiner Schöpfungen betrachteten. Erhaben und majestätisch strömte die göttliche Einheit ihre Liebe wie eine verschwenderische Fontäne über alles aus. Und alles erstrahlte und leuchtete in einem hohen Glanze.

Diese ursprüngliche, allumfassende Liebe ruht als Funke in unserem Herzen und unsere Sehnsucht danach ist die Sehnsucht nach der verlorenen Einheit in der unbeschreiblichen Glorie, die in, durch und mit Gott war. Dies suchen wir in der irdischen Liebe wieder zu finden.

Wenn wir lieben, verwandelt es unser Wesen. Aber Liebe ist oft überschattet von Hoffnungen, Ängsten, Erwartungen, Besitzergreifung, Dominanz oder gar Unterdrückung. Wirkliche Liebe ist unvoreingenommen und bedingungslos, so es auch eine vollständige Freiheit und Entfaltung des Wesens ermöglichen sollte. Was uns fehlt ist Macht über die Liebe, aber die Liebe hat Macht über uns. Sie geschieht uns einfach, manchmal gegen jede Vernunft. Wir versuchen in der Liebe die Einheit wieder herzustellen, aus der wir gefallen sind, denn durch die Verbindung mit jemand, den wir lieben, fühlen wir uns vollständiger als Mensch, bereichert, heiler und blühen auf. Während uns eine falsch verstandene oder entzogene Liebe fast in den Abgrund stürzen kann.

Wirkliche Liebe ist Geben, ohne zu verlangen, frei und in jeder nur erdenklichen Weise fördernd und unterstützend. Diese Liebe können wir durch Mitgefühl erweitern, wenn wir uns bewusst sind, dass wir alle unsere göttliche Einheit verloren haben und jeder auf der Suche nach Liebe und Glück ist und bestrebt diesen Zustand wieder herzustellen. Es ist eine klaffende Wunde in uns selbst, die Heilung bedarf. Diese Wunde ist unser Erbe.

Wenn wir uns mit jemand in Liebe verbinden, werden wir ganz natürlich und können allmählich unseren inneren Wesenskern frei entfalten, denn in ihr ruht der göttliche Funke. Liebe lässt uns über uns selbst wachsen, harmonisiert und verfeinert unser Wesen. Wir kommen so Gott oder dem göttlichen Licht näher. In Liebe ruht Frieden und Harmonie, sie gibt uns Geborgenheit und heilt unsere Seele. So sucht Venus das Gleichmaß in allen Dingen zu finden, alle Extreme lösen sich durch Liebe auf. Venus sucht nach Schönheit, Einklang und Verbundenheit. So wird sie auch dem guten Geschmack, gewandten Umgangsformen und kulturellem Leben zugeordnet.

Venusmenschen sind Harmoniemenschen, sie brauchen ihr Gleichgewicht im Leben. Bei Unfrieden und Disharmonie können sie krank und depressiv werden. Sie versuchen in allen Dingen das Gleichmaß zu finden und durch ihre diplomatische Art Unfrieden zu schlichten. Sie denken gerecht sind einfühlsam, anpassungsfähig und haben gute Umgangsformen. Manchmal neigen sie zu Extravaganzen, sind Genüssen und Luxus zugetan und sie können oberflächlich wirken. Venusmenschen weisen oft eine eher passive Haltung im Leben auf, sie brauchen immer Anreize, die sie zum Handeln anregen. Auf der anderen Seite kann zu viel Wert auf Erziehung, Status und Bildung gelegt werden und sie ignorieren Menschen, die nicht in ihr Idealbild passen.

Venusmenschen sind keine Tiefgänger. Ihre ausgeglichene Ausstrahlung, Höflichkeit und Kontaktfreudigkeit machen Venusmenschen sehr beliebt. In dem Mann zeigt Venus den weiblichen Teil – die Anima.

Mars bildet den Gegenpart zu Venus. Ist Venus eher friedliebend und passiv, prescht Mars darauf los und will seine Kraft und sein Durchsetzungsvermögen erproben, gewinnen und erobern. Daher ist alles was mit Wettbewerb und Kampf zu tun hat, marsregiert. Sucht Venus die Liebe ist Mars die Begierde, die sexuelle Treibkraft, das Adrenalin, der Fortpflanzungsinstinkt. Daher wird er den Trieben und den Instinkten zugeordnet.

Mars ist der aggressive Teil in uns, der ganz ursprüngliche Lebenswille und die Selbstbehauptung. Es war die ursprüngliche Selbstbehauptung - der Wille ein eigenständiges Selbst zu sein, das uns aus dem göttlichen Feld sonderte. Er steht auch für die ersten primitiven Lebenserfahrungen wie Jagd, Angriff und Verteidigung, was zu Ursprungszeiten Überleben bedeutete. Mars kämpft für eine gute Sache, für Rechte, für seinen Willen, denn mit Mars sagen wir: Ich *will*. Er ist unsere Willensbehauptung. In der Kindheit stellt er die Trotzphase dar.

Auf der anderen Seite ist er zu ungestüm, ungeduldig, unüberlegt und impulsiv, zu triebhaft, aggressiv bis hin zu handfesten Auseinandersetzungen. Er ist Leidenschaft pur, die sexuelle Anziehungskraft und kann er egoistisch sein. Wiederum kann er vieles in Bewegung bringen, denn ohne Mars würden wir keine Antriebskraft haben, keine Willensbehauptung und Verteidigung und keine feste Ich Identität und uns so nicht vor Übergriffen schützen können.

Marsmenschen haben mit all dem zu tun. Sie sind überaus energisch und willensstark. Kompromisse geht der Marsmensch nur ungern ein. Schwierigkeiten entzünden erst recht seinen Willen, denn er will erobern, erreichen und führend in seiner Umgebung auftreten. Er ist der klassische Anführer und versteht es mit seiner Leidenschaftlichkeit und Enthusiasmus andere für sich zu gewinnen. Ungestüm ist er und kann mit seiner Unvorsichtigkeit andere leicht vor den Kopf stoßen. Er kann große Dinge in Bewegung bringen, denn Marsmenschen sind mit viel Energie ausgestattet, dass sie selbst schlechte Phasen fast problemlos überbrücken. Unerschrocken ist er und leidenschaftlich. Wiederum hat er es mit einer recht rohen Energie zu tun, die so manchmal bei ihm durchkommt. Er kann schnell in Wut geraten, die aber ebenso schnell wieder verraucht, dabei ist er nicht nachtragend, zeigt aber auch keine Reue. Überhaupt gibt er Schwächen ungern zu. Aber man kann sich auf ihn verlassen, er hält sein Wort für gewöhnlich und tritt für seine Freunde und seine Interessen kraftvoll ein. In der Frau zeigt der Mars den männlichen Teil an - den Animus

Jupiter und Saturn

Der höhere Sinn von Jupiter und Saturn wurde bereits besprochen. Jupiter ist der Gönner der Menschen und ihr Schutzengel. Er zeigt die Hoffnung und den Glauben an. Und in der Not ist es Jupiter, der zu Hilfe eilt und Krisen abmildern kann. Er wird auch als der große Glücksplanet bezeichnet, denn er steht für Zuwachs, Reichtum und Erweiterung. Er spiegelt die höhere Gesinnung und das Gute im Menschen wider. Mit Jupiter ziehen wir aus unseren Erfahrungen Sinn heraus und messen Ereignissen eine höhere Bedeutung bei. Er zeigt an, an was wir glauben und welche Lebensphilosophie wir formulieren. Er fördert Wohltätigkeit aller Art, steht für höhere Werte, Lebensanschauungen und Gerechtigkeit. Er verkörpert das Gute und Wahre im Leben, macht großzügig, optimistisch und gönnerhaft.

Jupitermenschen sind oft große Denker und haben einen ausgeprägten Gerechtigkeitssinn. Sie filtern aus ihren Erfahrungen höhere Zusammenhänge heraus und leben meistens ihre Ideale. Herzlich, weltoffene und unverbesserliche Optimisten sind sie, die selbst dem Negativsten noch etwas Positives abgewinnen können. Oft sind sie gute Berater. Sie genießen gerne die Freuden des Lebens, manchmal übertreiben sie damit und können sehr sinnlich sein. Sie formulieren ihren Sinn im Leben, indem sie ihre Lebensanschauungen in die Tat umsetzen.

Jupitermenschen können scharfsinnig argumentieren, sind souverän und selbstsicher. Manchmal kann ihre Wahrheitsliebe übertrieben werden und sie wollen meist Recht behalten. Jupitermenschen können prahlerisch auftreten und übersehen gerne ihre eigenen Schwächen. Sie sind großzügig, von charmanter und umgänglicher Natur und lieben die Unabhängigkeit. Oft ist eine religiöse oder philosophische Neigung vorhanden. Sie interessieren sich für fremde Kulturen und reisen gern.

Saturn ist der Prüfstein in unserem Leben. Er weist auf unsere Schwierigkeiten und Hemmnisse im Leben hin, und wie wir Krisen erleben und aus Zusammenbrüchen verwandelt hervor gehen. Er spiegelt ganz konkret unsere Angst wider, wie auch unser schlechtes Gewissen. Er ist unser *Schatten*, der uns verfolgt, die schwächere Seite des Ichs und die verdrängten, unliebsamen Seiten in uns. Wo wir auf Konfrontationen und Widerstände stoßen, weil sie mit der Aufgabe, die Saturn an uns stellt, konträr laufen.

Saturn fordert uns auf, uns mit den unliebsamen und kantigen Seiten unseres Wesens auseinanderzusetzen und sie zu transformieren, sonst wirkt er von außen auf uns ein und zwingt uns dazu. Er will damit, das wir aus uns selbst heraus wachsen, das können wir nur, wenn wir mit den Wirkungen unserer einstigen Taten und Gesinnung konfrontiert werden, oft durch das Medium Umwelt umgesetzt. Saturn spiegelt unsere Pflichten und Bürden im Leben wider. Er will uns zur Wahrheit über uns selbst führen, lässt keine Ausreden und Ignoranz zu. Wenn er von außen her auch böse wirken kann und konkret Unglückszeiten aufweist, so fordert er in Wirklichkeit eine tiefere Auseinandersetzung mit unseren verdrängten Inhalten, die uns letztendlich daran hindern, uns weiter zu entwickeln. Wir treffen durch Saturn auf unser altes Ich, unsere ferne Vergangenheit. Er ist das höhere Gewissen, ist streng, unnachgiebig aber gerecht.

Saturn ist der Planet des Karmas: Wir treffen durch Saturn auf Bedingungen, die wir im letzten Leben geschaffen haben. Saturn ist unser karmisches Erbe. Es gibt an wo wir gefehlt haben und dieses Ungleichgewicht durch Saturn wieder ausgleichen, indem wir uns in Krisenzeiten selbst begegnen. Es zerstört Altes sowie lieb gewonnene Gewohnheiten und löst damit Existenzangst aus.

Saturnmenschen sind oft mit den Schwierigkeiten des Lebens konfrontiert. Schon seit der Kindheit gestalten sich die Umstände instabil, dadurch entwickelt der Saturnmensch ein ausgeprägtes Sicherheitsdenken, Zähigkeit und tut alles dafür, sein Leben in geordnete Bahnen zu bringen. Auch wenn der Weg zum Erfolg schwer und steinig sein kann und es auch viele Rückschläge gibt, zeigt er große Beharrlichkeit in seinen Mühen. Schwere depressive Phasen sind ihm nicht fremd und er ist eher ein ernster und gewissenhafter Mensch, der Verantwortung übernimmt. Manchmal bestehen durch seine zurückhaltende Art Kontaktschwierigkeiten, aus Angst verletzt, zurückgewiesen oder zu sehr vereinnahmt zu werden. Leicht unterkühlt wirken Saturnmenschen, haben aber ein großes Herz, auch wenn sie mit sich selbst und anderen Menschen streng sein können. Die Entwicklung geht langsam voran, auch seine Eindruckbewältigung, dabei sind sie aber intelligent. Manchmal sehen sie alles zu pessimistisch und Spontaneität verunsichert sie eher. Saturnmenschen sind im Allgemeinen treu, wenn auch nachtragend und halten an ihren Prinzipien und allem, was ihnen vertraut geworden ist, fest. Sie besitzen ein ausgezeichnetes Organisationstalent.

Uranus, Neptun und Pluto

Die transsaturnischen Planeten Uranus, Neptun und Pluto wirken im kollektiven Unbewussten des Menschen und betreffen ganze Bewegungen und den Zeitgeist. So zeigen sie auch die Qualität der Entwicklung der Menschen an.

Uranus ist der Revoluzzer unter den Planeten, denn er bricht mit Konventionen und Althergebrachtem. Er öffnet den Menschen gegenüber den neuen Strömungen des Zeit-geistes. Er ist das Abstraktionsvermögen, beherrscht den Erfindergeist, Originalität und Einmaliges. Uranus ist antiautoritär, ungewöhnlich und sprunghaft. Er hat mit Elektrizität zu tun, mit Spaltungen und Sprengkraft. Er entzündet die „Idee", ist der Geistesblitz und entfacht plötzliche Erkenntnisfähigkeit. Aber er ist auch unberechenbar. Man weiß nie genau, wo und wann sich seine dynamischen Kräfte entladen werden. Uranus hat mit Demonstrationen zu tun wie mit Rebellionen. Und er regiert über die Pubertät, wenn sich die Kinder gegen die Eltern auflehnen. Unerwartete Ereignisse, aufregende Nachrichten, alles Neue und Unbekannte sind uranusregiert. Uranus hat Bezüge zu den Wissenschaften und zu den modernen Technologien.

Uranusmenschen haben immer etwas von einem Abenteurer, der unstet ist und auf den man sich so manches Mal nicht verlassen kann, denn er ist voller Spontaneität und sprunghaft in seinem Wesen. Freiheit und Unabhängigkeit geht ihm über alles. Er kann charmant und witzig sein, ist aber dafür nicht gerade treu und gewissenhaft. Er ist schnell Feuer und Flamme. Für ihn muss es immer interessant bleiben, damit sein Interesse nicht verfliegt. Leidenschaftlich ist er und experimentierfreudig.

Uranusmenschen können scharfsinnig argumentieren und es ist nicht leicht ihre wahren Motive zu durchschauen. Manchmal schockieren sie mit ihrer Provokation und können sich gegen Autorität und Konventionen auflehnen. Der Uranusmensch kann durchaus zum gesellschaftlichen Außenseiter werden, weil er sich nicht unterordnen will. Sie sind häufig intuitiv und können selbst subtilste Zusammenhänge heraus erkennen.

Neptun ist ein Planet der Mystik. Liebe bekommt hier eine ganz spirituelle Dimension: Neptun steht für die harmonievolle, undifferenzierte Einheit, mit der wir irgendwann verschmelzen. Er ist das tiefe, innere Sehnen in die göttliche Einheit einzutauchen und alle Grenzen hinter sich zu lassen. Das Ich, das sich in etwas Größerem, Erhabenem auflöst.

Neptun löst ganz konkret unsere Ich Grenzen auf und macht uns für höhere Schwingungen empfänglich. Hier ahnen wir Gott, hier werden wir zu der Vielheit in dem Einen, sich verströmend im kosmischen Klang hingebungsvoller Liebe und Magie. Neptun ist Magie, etwas, das uns verzaubert und berauscht. Da wir diesem Zustand aber entfernt sind, versuchen viele ihn anders wo zu finden, im Glauben, in spirituellen Übungen, ja sogar in Alkohol und Drogen. Neptun macht Welt verdrossen und Realität entrückt. Die Verbindung zu unserem göttlichen Selbst. Er ist der Opferaltar, auf dem wir unser Ich darbringen, um uns mit Gott zu vereinen.

Neptun stellt die höheren geistigen Ebenen dar, die sich in Poesie, Phantasie, Musik und Inspiration ergießen. Intuition, Eingebungen, unaussprechliche Gefühls- und Erregungszustände. Neptun besitzt keine fest umrissene Identität, er ist Ich Verlust, um in einen anderen Zustand zu gelangen. Das kann in der Meditation wie im Alkoholrauschzustand sein. Er ist die immaterielle Welt, besitzt keine Form, keine Grenzen. Neptun ist allumfassend und schwer fassbar, flüchtig und nebulös. Man kann ihn nicht ergreifen noch benennen, denn das Greifen und Ergriffene besteht nicht.

Durch seine Feinfühligkeit hat Neptun keine „dicke Haut" und ist daher empfänglich für Einflüsse jedweder Art. Aber er macht uns für höhere Seinszustände offen und fördert das Mitgefühl zu anderen Menschen. Er hat Beziehung zu unserem embryonalen Zustand, in der das Empfinden in Flüssigkeit des Lebens aufgelöst ist.

Neptunmenschen sind äußerst sensitiv und dünnhäutig. Sie können Dinge vorher ahnen und besitzen ein ausgezeichnetes Einfühlungsvermögen, was ihnen soziale Eigenschaften zuspricht. Die Tendenz in innere Welten zu flüchten besteht, wenn der Daseinkampf zu viel von ihnen abfordert. Manchmal besteht daher auch die Neigung, Drogen oder Alkohol zu konsumieren, mehr als ihnen gut tut und sie verlieren dadurch leicht den Bezug zur Realität. Neptunmenschen sind Gefühlsmenschen und keine Realisten. Sie können Schwingungen von anderen Menschen und höheren Ebenen empfangen und zu einem Medium werden, durch das die Neptunenergie fließt. Sie haben Schwierigkeiten sich abzugrenzen und können sich in anderen Menschen und in Situationen verlieren. Sie setzen sich zu sehr mit den Sorgen anderer auseinander, als ihnen gut tut. Mal schwelgen sie in ihrer Phantasie, können aber durchaus pragmatisch und entschieden sein, ja sogar selbstbezogen, weil sie innere Vorgänge zu sehr beschäftigen.

Pluto wird oft als der große Saturn bezeichnet und gibt damit Auskunft, wie gewaltig seine Energie wirken kann, denn er steht für die unwiderrufliche Zerstörung alter und überlebter Strukturen. Er kann uns erbarmungslos von alten, lieb gewonnenen Sicherheiten und Gewohnheiten fortreißen, uns in heftige Krisen stürzen und in ausweglose Situationen führen. Wir unterliegen vollkommen seiner mächtigen Energie, über die wir keine Kontrolle haben. Oft tritt er von außen an uns heran, denn seine Wirkungen im Innern gehen subtil vor sich und treten erst nach langen Zeiträumen zutage.

Pluto hat mit traumatischen Erfahrungen zu tun, mit Abnormitäten, mit unseren tief sitzenden Urinstinkten und Ängsten, weil er die tiefer gelegenen Schichten unseres Unterbewusstseins wirkt und dort Wandlungen bewirkt, notfalls erzwingt, wenn wir uns gegen diese sträuben. Er stellt den

Phönix aus der Asche dar und tatsächlich können wir aus Krisen wie verwandelt hervor gehen.

Pluto gibt Hinweise auf alte, kosmische Zeiträume, auf kausale Zusammenhänge, Entwicklungen, die vor langer Zeit stattfanden und bis in die heutige Zeit in unserem Unterbewusstsein wirken. Daher hat Pluto Bezüge zum Kollektiv, verbindet ganze Menschengruppen auf einer tiefen innerseelischen Ebene. Große Menschheitsbewegungen werden von ihm beeinflusst. Radikale Veränderungen, zu denen auch der Tod gehört, Umbruch und Erneuerung sind Eigenschaften von Pluto, die so manches Mal von wahrem Schrecken begleitet sein können, denn Pluto geht schonungslos und erbarmungslos vor.

Da Pluto über den Tod herrscht, als Herr des Todes, wird eine hinscheidende Seele vor sein Gericht geführt. Im Leben bekommen wir das nicht all zu viel zu spüren, aber er ist das universelle Gewissen, die übergeordnete Gerechtigkeit, die mit der individuellen Seele recht schonungslos umgeht, denn er steht nicht für die Förderung der Ich Identität, vielmehr zerstört er die Persönlichkeit, damit das Geistige im Menschen frei gelegt wird. Pluto wirkt auf der kausalen Ebene, bewirkt Transformation, zerstört Altes, damit neues Leben entstehen kann.

Verfechter von Plutoenergien sehen wir in großen Führern, die ganze Nationen bewegen. Gandhi (positive Plutoenergie), wie Stalin (negative Plutoenergie). Pluto wirkt immer im Großen. Epidemien, Naturkatastrophen, Wirtschaftzusammenbrüche, Kriege, überall, wo Menschenmassen bewegt werden, sind Plutoenergien am Werk. Er ist das Tor zur neuen Welt, indem er das Alte unwiderruflich zerstört.

So böse Pluto auch in unser Leben treten kann, bewirkt er auch Gutes, indem er uns von nutzlos gewordener Energie befreit und so den Boden für neues Leben legt. Tod und Wiedergeburt, Anfang und Ende. Pluto ist eine große fundamentale Kraft, die, wenn in die richtigen Bahnen gelenkt, neues Leben und große Möglichkeiten schafft, durch die wir uns freier von alten Konditionierungen bewegen können.

Plutomenschen haben es mit einer intensiven und fundamentalen Kraft zu tun, die die größte Umsicht erfordert. Negativ gesehen können sie gewalttätig, grausam und kriminell werden. Sie besitzen oft eine suggestive Ausstrahlung und können andere Menschen machtvoll in ihren Bann ziehen. Sie dringen in die Seele des Menschen ein, decken selbst die dunkelsten Geheimnisse auf und können ihn kraftvoll unterstützen oder ihn jäh in den Abgrund stürzen. Sie haben eine geradezu heftige Leidenschaft, die fast bis an die Grenze geht. Beziehungen und Situationen werden manchmal unwiderruflich beendet, und das kann sehr dramatisch zugehen. Sie zeigen nie ganz ihre verletzbare Seite und innerste Geheimnisse, sie wollen eher ihre Umwelt kontrollieren und beeinflussen. Sie haben einen charismatischen Charme und können einem im wahrsten Sinne verführen, intellektuell wie auch sinnlich. Sie strahlen Macht und Unantastbarkeit aus. Manchmal verlangen sie von ihrem Partner die totale Hingabe, fast bis hin zur Unterwerfung. Sie neigen zu Dominanz und zur Unterdrückung. Sie leben intensiv und können große Dinge in Bewegung bringen.

Die Planetenprinzipien in ihrer Urbedeutung

Die Planetenprinzipien weisen auf spirituelle Zeiträume oder auch Zeitalter hin. Angefangen vom reinen, sich selbst nicht ergreifenden Geist oder Gott, über den ersten Grundstein des Lebens, bis hin zur Geburt des Universums, einschließlich des Menschen, wurde diese göttliche Urbewegung in das kosmische Gedächtnis geschrieben: der Aksha – Chronik.

Wir sind als Geistselbst diesem göttlichen Plan entsprungen und alle kosmischen Vorgänge, und die Involution des Geistselbst in die Welt der Materie, sind in unseren höheren Anlagen gespeichert. Diese Anlagen sind, bis auf Ausnahmen, zum großen Teil noch verschlossen, gab es einmal ein Zeitalter, wo wir von der göttlichen Offenbarung durchströmt waren und Anteil am kosmischen Wissen hatten, zu dem wir wieder Zugang finden können und finden werden.

Unser Geist stieg, wie bereits beschrieben, in äonenlanger Pilgerschaft in immer tiefere Bereiche des Seins. Und durch die Materialisierung seiner höheren Glieder *vergaß* er allmählich sein göttliches Bewusstsein. Denn die Materie ist die äußerste Abkehr vom Geist, praktisch eine Umstülpung hiervon, und somit Dunkelheit und Unkenntnis göttlicher Vorgänge. Dadurch verloren wir den unmittelbaren Bezug zu unserer göttlichen Quelle und die aufdämmernde Unwissenheit über unsere wahre Natur „webte uns ein schicksalhaftes Kleid", um es mit Goethes Worten zu beschreiben, das heute als Karma bekannt ist.

Karma in seiner Urform entstand durch unser *Begehren* nach den göttlichen Tatsachen. Wir wollten es für uns *ergreifen*, dadurch entzogen sich uns die Offenbarungen aber. Floss es vorher himmlisch durch uns hindurch, denn wir strömten und klangen darinnen, schafften wir mit unserem Greifen nach den Offenbarungen eine Kluft, die uns davon trennte.

Man kann sich dies mit der Meditation vorstellen, wenn eine höhere Schau erfolgt, fließt es ganz natürlich durch uns hindurch. Sobald wir es aber, fast schon instinkthaft, ergreifen – also es festhalten wollen, um unser Bewusstsein darauf zu fixieren, entzieht sich die höhere Schau sofort, sie verflüchtigt sich, wie auflösender Nebel. Man muss dem gegenüber ganz unbeteiligt sein, kein Gedanke und kein Gefühl soll die höhere Schau auch nur annähernd ergreifen. Wie ein Medium soll man sein, oder besser ausgedrückt, wie eine sich spiegelnde, glatte Oberfläche eines Sees. Die spiegelnde Oberfläche ist die höhere Schau und der ruhige See ist die unbewegte Seele.

Wir kamen zu einer Form ersten eigenständigen Bewusstseins über uns selbst und fielen bedingt dadurch aus dem kosmischen Feld heraus. Unser Begehren wurde aber nicht weniger. Da wir noch über himmlische Kräfte verfügten, strebten wir eigene Schöpfungen an, wir „spielten Götter".

Der damalige Mensch war mit ganz anderen Fähigkeiten ausgestattet, als wir es heute sind, er war hoch spirituell, aber verführbar. Und gerade diese Verführbarkeit erschaffte Dunkelheit und Licht, Wesenhaftes und Schattenhaftes, Böses und Gutes, das um ihn rang.

Mehrmals ist der Mensch gefallen, bis auf die untere Ebene der Materie, und die Materie ist die „verdichtete Idee". Es liegt etwas Geistiges darinnen. Doch der Mensch erkennt nur die äußere „Hülle", die er für die Wirklichkeit hielt, wie der Schatten, den das Licht wirft.

Die transsaturnischen Planeten Uranus, Neptun und Pluto weisen auf spirituelle Zeitalter hin, in denen noch keine individuelle Seeleneinheit bestand. Diese Prinzipien walten im universellen Bewusstsein und stehen auch heute noch mit der Schaffenskraft in direkter Verbindung. Pluto steht am Ende unseres Sonnensystems, er ist damit der Grenzweg zwischen der spirituellen, schöpferischen Dimension – der alten Welt – und dem Ausgang der Seele, wenn sie sich aus der Materie befreit hat.

Pluto weist auf eine große kosmische Epoche, wo die schöpferische Kraft in ihren ursprünglichsten Absichten waltete. Er arbeitet am Bauplan der Schöpfung mit, deswegen gelten seine Kräfte zuweilen als roh und unumstößlich, weil seine gewaltige Kraft ganze Sterne zum Explodieren bringt. So ist es nicht verwunderlich, dass Pluto der Atomkraft zugeordnet ist und die Zerstörung der Atomkerne. Pluto zerstört Leben und erschafft Leben. Rohe, waltende Schöpferkraft, die aus einer Undifferenziertheit – dem Nichtsein – gewaltig hervorbricht.

Neptun weist auf die göttlich/geistige Dimension hin, die spirituelle Wahrheit, die sich selbst befruchtet. Noch ist die Dimension eine Einheit, noch waltet sie mit dem universellen Geist im einsgerichteten Prinzip - die Offenbarung, die sich selbsttrunken betrachtet.

Im Gegensatz zu Pluto ist Neptun von ganz feinstofflicher, hoher Schwingungsenergie, während Pluto mit roher Schöpfer- und Zerstörungskraft durch das Universum wütet. Neptun erzeugt eine kosmische Harmonie in Selbstbetrachtung mit der göttlichen Offenbarung, mit der sie in einer Ganzheit umschlungen ist.

Uranus kommt ins Spiel, der das Ganze in autonome Einheiten aufsplittert. Er spaltet Atomverbindungen, damit neue Verbindungen entstehen können. Er teilt die Ganzheit in Ge-

gensätzlichkeiten, damit die Dualität entsteht, welche die Wechselbeziehungen zwischen den Fundamentalkräften überhaupt erst ermöglicht. Man kann annehmen, dass erste Formen entstanden sind, aber mehr in der Ursachenwelt, abstrakt und ideenreich. Erste Systeme entstehen, noch nicht koordiniert, aber ein buntes Wechselspiel der Kräfte untereinander. Es entzünden sich dynamische Kräfte, die sich hier und da explosiv entladen. Es herrscht ein kreatives Chaos.

Mit Saturn kommt die Form, die Ordnung. Er koordiniert die Kräfte in ein sinnvolles System, schafft Strukturen und Gesetzmäßigkeiten unter den waltenden Prinzipien. Grenzt ab, schafft Raum und damit chronologische Abfolgen. Einheiten verbinden sich zu Systemen, die autonom unter einer vorgegebenen Gesetzmäßigkeit funktionieren. Die Göttlichkeit bekommt Form, sie verschafft sich Ausdruck. Planeten bilden sich, das Wässrige, Gasige erhält Konsistenz: Erste Formen von Materie entstehen. Raum und so etwas wie Zeit, die sich mehr in Intervallen von Abfolgen versteht, entwickeln sich. Das universelle Gesetz ist ausgesprochen.

Durch Jupiter erhält alles einen sinnvollen Zusammenhang, denn er rückverbindet die einzelnen Dimensionen mit der göttlichen Quelle. Er ist das Licht der Erkenntnis, das am Tor zwischen den Welten steht und der verlorenen Seele leuchtet. Während Saturn das kosmische Pendel ist, der seinen Tribut von der eigenständigen Seele fordert – ihr Karma – ist Jupiter die göttliche Gnade, die sich der suchenden Seele zuwendet und ihren Weg im Labyrinth von Maja (Illusion) erhellt, damit sie erkennt, dass sie im Schattenreich ihrer eigenen Projektionen steht.

Die Seele kann nicht ohne Gnade voran schreiten, sie würde sich selbst nicht in ihrer wahren Natur erkennen und die Welt der Erscheinungen, die Wahrheit nicht von ihren Projektionen unterscheiden können. Jupiter waltet in der Synthese der gegensätzlichen Kräften und erleuchtet ihren innewohnenden Kern: Das geistige Prinzip oder die göttliche Einheit, die latent in allen Dingen ruht. Das Geistselbst schreitet durch das Jupiter-/Saturntor der Dimension ihrer Verwirklichung entgegen.

War das Geistselbst noch ungeboren bricht es *mit* göttlichem Willen aus ihrer Undifferenziertheit heraus (Pluto). In neptunischer Harmonie eingebettet, der göttlichen Offenbarung direkt betrachtend, wirkte sie ebenfalls an den Schöpfungen mit. Es verlangte sie nach den Schöpfungen und rebelliert für ein autonomes Selbst (Uranus) und bewirkte bedingt dadurch das kosmische Gesetz der Ordnung und Determinismus (Saturn) auf den Plan: Das Karmagesetz tritt in Kraft. Als Folge davon nimmt die Seele Form an und fällt aus dem kosmischen Urfeld in die Welt der Erscheinungen und Ursachwelt, der Polarität.

Jemand wird ihr zur Seite gestellt, es ist Jupiter, der seine Gnade zeigt und den Weg zu Gott. Noch hat die Seele ihre seherische Kraft, und ihre höheren Anlagen befähigen sie den Abglanz der Göttlichkeit direkt zu *schauen*. Doch die Entwicklung des autonomen Selbsts führt sie auf unbekannte Pfade. Nun wird Karma zwingend. Die Seele inkarniert sich, über mehrere feinstofflichere Daseinsformen hinweg, in eine materielle Form hinein.

Erste instinkthafte Regungen werden durch rohe Lebensbedingungen erzeugt: Flucht, Angriff, Jagd, Zorn, Gier und sexuelle Aggressivität manifestieren sich durch das Marsprinzip. Das Leben in seiner ursprünglichen Form, das sich im äußeren Lebenskampf widerspiegelt. Durch Unwissenheit kehren sich die Menschen gegeneinander, es herrscht Selbstsucht, Lieblosigkeit, Machtstreben und Mitleidslosigkeit.

Venus vereint die widerstreitenden Elemente, harmonisiert, mildert und hilft zur friedlichen Verbundenheit untereinander. So entstehen erste Gruppen und Verbände, die sich aus gemeinsamen Interessen zusammenschließen. Erste Gesellschaftssysteme entstehen. Liebesempfinden keimt auf, friedvolles Einvernehmen und das Bedürfnis nach Harmonie. Darin trägt sich ein Abglanz der göttlichen Harmonie, das dem Menschen seinen Ursprung erahnen lässt. Venus entzündet den göttlichen Funken. Ursprungsreligionen entstehen.

Merkur wird zum Vermittler zwischen dem Menschen, zwischen Gott und Mensch, zwischen Geist und Materie. Wir erfassen einen konkreten Sinn und erarbeiten uns ein festes und strukturiertes Zusammengefüge unserer Umwelt, den Menschen und den Naturgesetzen. Unser Intellekt rückt in den Vordergrund, die Kommunikation wird zum Medium unserer Welt. Wir reflektieren unsere Erfahrungen und erweitern unseren Horizont durch Wissen und Information.

Unser Ziel ist letztendlich das göttliche Bewusstsein zu erlangen, sich an das „sonnenhafte Bewusstsein" *wieder zu erinnern,* das als Kern in uns ruht.

Im Sonnenprinzip walten hohe Kräfte und wir versuchen mit unserem Ich Bewusstsein (Mond) in innere Kommunikation (Merkur) zu der geistigen Kraft zu gelangen (Sonne), um durch Selbsterkenntnis und Reflexion irgendwann wieder mit der göttlichen Harmonie zu einer Einheit zu verschmelzen. Unser Ursprung ist gleichzeitig unser Ziel.

Diese grob umrissene Beschreibung kosmischer Vorgänge gilt mehr als ungefähre Andeutung und ist keinesfalls chronologisch zu verstehen. Tatsächlich wirken die Vorgänge ungebunden von Raum und Zeit und sind auch heute in der unterschiedlichsten Weise aktiv. Sie beinhalten die Vergangenheit, weisen gleichzeitig in die Zukunft und wirken in der Gegenwart.

Das Marsprinzip (wie auch Pluto), mit seiner rohen archaischen Kraft, wirkt besonders im Nahen Osten, Iran, Irak, Palästina, Israel oder auch Irland, überall wo kriegerische Dominanz vorherrschend ist. Diktatur, Unterdrückung, Verfolgung anders Gläubiger, Rebellion und Bürgerkriege stehen unter Marseinfluss (auch Pluto), der in diesen Teilen der Länder besonders wirkt.

Venus bildet mit ihrem Harmonieprinzip den Gegenpol zu Mars. Sie verhilft zur Verbundenheit unter den Völkern, zur Diplomatie und friedlichem Einvernehmen. Länder, die Sozialstaaten sind, wie Deutschland, Österreich und die Schweiz, stehen unter Venuseinfluss. Aber auch stark kulturelle Länder wie z.B. Frankreich sind venusregiert, denn Venus beherrscht die Künste, den guten Geschmack und den Feinsinn.

Der Mond als der persönlichste Planet, spiegelt unser emotionales Ich wider, unsere Wurzeln, Familie und Herkunft. Er ist auch eng mit Naturreligionen verbunden, mit Riten, Traditionen und Familiensippen. Menschen, die noch nicht viel von ihrer Ursprünglichkeit und instinktiven Naturverbundenheit verloren haben, wie, z.B., die Indianer, sind vom Mond beeinflusst. Auch Teile Afrikas und Australiens, deren Einwohner noch einen engen Bezug zu ihren Naturgottheiten unterhalten und Rituale zelebrieren, sind mondregiert.

Kommen wir zu Merkur befinden wir uns in der Welt der weltweiten Kommunikation. Länder, deren Kommunikationstechnologien hoch entwickelt sind und deren Wirtschaftlichkeit am stärksten ausgeprägt ist werden von Merkur (auch Uranus) regiert. Allen voran sind Wissenschaftler und Pioniere, die den Zeitgeist vorantreiben.

Das Sonnenprinzip reflektiert sich in einem verklärten, geistigen Bewusstsein, das seine Triebe und gröbere Eigenschaften und Instinkte weitgehend transformiert hat. Wir finden dies in Menschen wieder, die ethisch, moralisch, zutiefst menschlich und mitfühlend sind. Sie bilden die „Vorreiter" der Menschen als das Urbild Mensch, wohin er sich entwickeln wird, wenn er seine Selbstsucht, mit all seinen Verwirrungen, Machtinstinkten und Ängsten überwindet. Dies ist zum großen Teil in Ländern vorherrschend, deren Religionen auf friedlicher Basis beruhen und die eine Synthese zwischen Religion, Medizin und Naturgesetzen anstreben. Wir finden dies in Japan, Tibet, Indien und Thailand. Aber auch vereinzelt in Europa und Amerika.

Die Spitze bilden die Menschen, die erleuchtet sind, d. h., die ihre wahre Natur erkannt haben und ihren Mitmenschen hilfreich zur Seite stehen. Mutter Theresa, Gandhi, der Dalai Lama und andere waren und sind Menschen, die der Welt eine ungemeine Hilfe zu Teil werden lassen, die nicht nur auf der materiellen Ebene wirkt, sondern tatsächlich durch alle Dimensionen hindurch geht.

Weitere Bücher der Autorin:

„Der Tod ist erst der Anfang- eine Reise durch das Jenseits"

ISBN: 978-3-7357-7737-9, 84 Seiten, Books on Demand

„Der Tod ist erst der Anfang" beschreibt die verschiedenen Stadien, die eine Seele nach ihrem körperlichen Tod durchläuft. Dabei greift die Autorin auf ihre Hellsicht zurück, die ihr einen tiefen Einblick in den Tod und die höllischen Sphären gewährt.

Besonderes Augenmerk richtet sie auf den „Hüter der Schwelle", der uns im Tod als unser höheres Gewissen begegnet.

Ein fundiertes Buch, das über den Tod hinaus auch zu einem tieferen Sinn des Lebens führt.

Buchempfehlung:

„Das Lotusjuwel – eine Reise zum Ursprung" von Jamina Diley

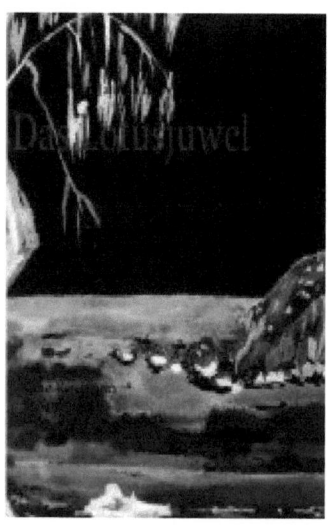

ISBN:978-3-8423-7203-0, 228 Seiten, Books on Demand

Ein fabelreicher, spiritueller Roman, der bis zum Ursprung des Lebens führt. Nokojo, der kleine Held der Geschichte, muss das Geheimnis des Lotusjuwels entlüften, um das Vaagan Moorland – das Reich des Unbewussten der Menschen – aus seine Verwünschung zu erlösen. Dazu macht er sich auf eine gefährliche und abenteuerliche Reise auf. Aber an seiner Seite hat er den weisen Uhu Mabu und den tollpatschigen Hund Neketa, die ihn fortan begleiten und damit nimmt seine Reise eine ganz ungeahnte Wendung. Ein amüsantes und unterhaltsames Werk, das wie ein Märchen anmutet und zum Nachdenken anregt.